Gobernar es repartir dolor

José Antonio Gómez Hernández

Primera edición: abril 2014
© José Antonio Gómez Hernández
ISBN: 978-1497529526

Para un cisne llamado Ameglig,
por hacer de mi vida un paseo por el paraíso.

I

LEGITIMIDAD DEMOCRÁTICA

Los últimos años del gobierno de José Luis Rodríguez Zapatero fueron el ejemplo de cómo la socialdemocracia derivaba hacia un sistema de gobierno cercano al neoliberalismo. Sin embargo, la derecha española, siempre ávida de poder, machacó al gobierno elegido por los españoles en 2008 con una oposición desleal y aprovechando cualquier resquicio posible para la destrucción total del PSOE de cara a las elecciones que debían celebrarse, en principio, en la primavera de 2012. Sin embargo, la situación económica, el incremento del desempleo por la caída de la actividad y la explosión de la burbuja inmobiliaria, las exigencias de la Comisión Europea a España, el abandono de los mercados a la economía española y el creciente descontento social provocaron que el Presidente Zapatero adelantara los comicios unos meses. Las Elecciones Generales se celebrarían el 20 de noviembre de 2011.

La campaña electoral fue una continuación de la deslealtad propia de la derecha cuando no gobierna. Ataques a quienes había traído el sistema democrático a este país, mentiras, utilización de las víctimas del terrorismo, presentarse con supremacía de clase ante los españoles, mentiras, deslealtad institucional, mentiras, propaganda apoyada por los medios de comunicación mamporreros del Partido Popular, mentiras, mentiras y mentiras. Eso se ha demostrado con el paso del tiempo. El partido político presidido por Mariano Rajoy mintió a los ciudadanos de una manera inédita en la historia democrática que va desde la muerte del dictador Francisco Franco hasta nuestros días. Un ejemplo más del desprecio que la derecha de este país tiene hacia las reglas del juego. Todo vale con tal de llegar al poder y la mentira entra en su genética, tal y como ya se vio con los embustes continuos del anterior gobierno genovés tras los atentados del 11 de marzo de 2004, cuando los dirigentes y ministros del Partido Popular afirmaban una y otra vez que los responsables eran etarras cuando todos los indicios señalaban al terrorismo yihadista por el simple hecho de que un atentado de la magnitud del que se produjo en Madrid perpetrado por ETA les iba a dar un rédito electoral muy superior al descrédito en las urnas que propiciaría la autoría de Al-Qaeda.

Las claves del Programa Electoral del Partido Popular se centraban en la recuperación económica y en una serie de reformas que generarían una mayor competitividad para las empresas y que creara más de tres millones y medio de empleos. Ya lo habían hecho una vez, ¿por qué no lo iban a volver a hacer? De este modo se iba a lograr un relanzamiento de la economía española. En el Programa Electoral del PP se apuesta por el empleo de calidad, por el empleo seguro. Todo estaba centrado en la recuperación económica desde abajo. El empleo sería el motor que reactivara la economía. Por otro lado, se escandalizaban de que en España hubiera más de 1,5 millones de hogares en España que no recibían ningún tipo de prestación; se escandalizaban de los casi 5 millones de parados; se escandalizaban de la poca competitividad de nuestras empresas; se escandalizaban de que la prima de riesgo estuviera por encima de los 300 puntos (algún comentarista político del sector mamporrero afirmó que al día siguiente de que Rajoy ganara las elecciones la prima española se igualaría a la alemana). Se escandalizaban de tantas cosas que hicieron un Programa Electoral basado en lo que los ciudadanos querían oír en los mítines, lo que los españoles esperaban del próximo gobierno de la nación. Prometieron empleo estable, recuperación de la economía partiendo de la economía real y no de la macroeconomía, incentivos fiscales para la creación de empleo, bajadas de impuestos, mantenimiento del Estado del Bienestar, potenciar la educación de calidad, potenciar la sanidad pública y un largo etc. de promesas, un largo etc. de mentiras.

La situación de desesperación de muchos ciudadanos hizo que se creyeran esas promesas y les votaran, independientemente de la ideología política que profesaran. Por otro lado, la campaña electoral de los partidos de izquierda y progreso no ayudó mucho. El PSOE tenía el lastre de la deficitaria política de los dos últimos años en que les estalló en la cara la burbuja inmobiliaria que provocó que millones de españoles se quedaran en paro. IU tenía el lastre de que sus propuestas quedaron enterradas por las promesas del Partido Popular. Además, influyó mucho en los resultados la abstención que desde los Movimientos Sociales anexos al 15M preconizaban como castigo a los políticos el voto en blanco o el no ir a votar. Todos estos ingredientes hicieron que Mariano Rajoy, tras perder en las elecciones de 2004 y 2008, lograra para el Partido Popular la mayoría absoluta. Es decir, el Partido Popular ganó unas Elecciones Generales mintiendo a los españoles, prometiendo a los ciudadanos cosas que no iba a cumplir, medidas que no iba a tomar o que iba a hacer lo contrario de lo prometido. Este hecho invalida de por sí la propia legitimidad democrática del actual gobierno. El presentarse a unos comicios con un programa falso es un asalto al poder utilizando los medios democráticos que nos da el marco democrático de España. Por tanto, el gobierno de Mariano Rajoy es un gobierno ilegítimo.

Este hecho es muy grave. Basar la actividad de gobierno en la mentira es muy grave. Sin embargo, lo peor de todo es que esas falsedades han continuado y han seguido mintiendo una y otra vez. Mariano Rajoy ha tenido la desfachatez de mentir a los españoles día sí y día también y, aún así, sigue manteniéndose en el poder.

El Partido Popular ganó las Elecciones Generales a través de las mentiras en su programa electoral. Mintió a los ciudadanos con el único fin de asaltar el poder y poder implantar un sistema político basado en sus postulados ideológicos: neoliberalismo desde el punto de vista económico; catolicismo desde el punto de vista social, pero no un catolicismo basado en el mensaje evangélico, sino basado en los postulados más radicales y fundamentalistas de la Iglesia.

Pero no ha quedado ahí la cara de hormigón armado de este gobierno tras ganar las Elecciones Generales con un Programa Electoral basado en la mentira y en lo que los españoles querían oír como solución a sus problemas. Tuvieron la indecencia de reconocer que no iban a cumplir sus promesas porque no tenía más remedio que incumplirlas. Este hecho en una democracia madura o en un dirigente con verdadero espíritu democrático hubiera significado la disolución de las Cortes Españolas y la convocatoria de Elecciones Generales. Sin embargo, Mariano Rajoy no hizo eso. No tuvo la decencia de dimitir. Todo lo contrario, se enrocó en su propia mentira y continuó machacando a los ciudadanos con sus reformas y sus medidas que reflejan más que otra cosa la incapacidad para satisfacer las verdaderas necesidades de los españoles. Partiendo de la base de que este Gobierno tiene la misma legitimidad democrática que Kim Jong Un o que Francisco Franco, estas reformas han sido impuestas como un *trágala* para los ciudadanos del mismo modo en que cualquier dictador impone sus delirios legislativos a su pueblo. Con la misma legitimidad, es decir, con nula legitimidad ya que los españoles que votaron al Partido Popular no lo hicieron basándose en lo que están haciendo, sino en lo que prometieron. ¿Se imaginan ustedes que Mariano Rajoy se hubiera presentado con un programa donde se prometieran las medidas que tomó después de haber asaltado el poder? Evidentemente el pueblo no es idiota y sólo habría sacado los votos de aquellos que son votantes fijos del PP, es decir, unos 6 millones.

Teniendo como tenemos en España a un Gobierno ilegítimo me voy a referir a dos ejemplos de regímenes que llegaron al poder a través del aprovechamiento de los canales democráticos sin, eso sí, hacer ningún paralelismo con las ideologías que más tarde representaron. Quiero recordar cómo Adolf Hitler alcanzó el poder por medio de las mentiras y de los mensajes populistas en las distintas elecciones que propiciaron su ascenso hasta llegar a la Cancillería. Quiero recordar cómo la CEDA ganó las elecciones de 1933 con promesas que después no cumplieron e impusieron un régimen basado en los privilegios de las instituciones más retrógradas del país.

Mentir en democracia es un delito tan grave como el de dar un golpe de Estado. En el Código Penal no está castigado, ni siquiera la Ley Electoral tiene mecanismos para sancionar a aquellos partidos políticos que perpetren un fraude electoral del calibre del que Mariano Rajoy consumó en noviembre de 2011. ¿Esto hay que cambiarlo? Evidentemente sí, pero no en la Ley Electoral, sino en el Código Penal ya que la salud democrática de España queda muy perjudicada por actitudes como éstas donde se legitiman las mentiras a los ciudadanos y se da barra libre para las infamias y los embustes. Si se da carta blanca a los partidos y se pueden presentar con Programas idílicos y alejados de la realidad la esencia de cualquier régimen democrático queda prostituida de tal forma que se destruye el propio sistema.

La ilegitimidad del Gobierno de Mariano Rajoy está basada en el fraude a los españoles. Quien engaña no puede tener legitimidad, por mucho que se ganen unas elecciones.

II

DICTADURA PARLAMENTARIA

En los análisis sobre los posibles regímenes políticos que pueden dirigir un país se suele discriminar entre dos: dictadura y democracia. Estos son conceptos totalmente antitéticos. Son el bien y el mal o el mal y el bien, dependiendo de quién sea y de cómo piense la persona a la que se plantee la dicotomía. Un falangista o un pinochetista verán en la democracia el mal absoluto mientras que un socialista o un demócrata-cristiano sentirán náuseas ante el concepto de dictadura. Hay otros posibles regímenes, como la Monarquía, pero que se sustancian en los conceptos anteriores. Una Monarquía será dictatorial si es absoluta y será democrática si es parlamentaria.

La **dictadura** es una forma de gobierno en la cual el poder se concentra en torno a la figura de un solo individuo o élite, generalmente a través de la consolidación de un gobierno de facto que se caracteriza por una *ausencia de división de poderes,* una propensión a ejercitar arbitrariamente el mando en beneficio de la minoría que la apoya, la independencia del gobierno respecto a la presencia o no de consentimiento por parte de cualquiera de los gobernados, y la imposibilidad de que a través de un procedimiento institucionalizado la oposición llegue al poder. El dictador puede llegar al poder tras un golpe de Estado efectuado por una coalición cívico-militar o por las fuerzas armadas.

Democracia es una forma de organización social que atribuye la titularidad del poder al conjunto de la sociedad. En sentido estricto, la democracia es una forma de organización del Estado en la cual las decisiones colectivas son adoptadas por el pueblo mediante mecanismos de participación directa o indirecta que **confieren legitimidad a sus representantes.** En sentido amplio, democracia es una forma de convivencia social en la que los miembros son libres e iguales y las relaciones sociales se establecen de acuerdo a mecanismos contractuales.

Hasta ahora la dicotomía de los regímenes políticos por los que se rige una nación estaba centrada en estas dos acepciones. Sin embargo, Mariano Rajoy y el Partido Popular han conseguido crear un nuevo régimen político: la **Dictadura Parlamentaria**.

Este nuevo sistema está basado en la aplicación del modo de gobernar de cualquier dictadura dentro de un sistema parlamentario. Desde la derecha española se ha criticado duramente la aplicación de algo parecido en la Venezuela de Chávez, incluso se financió o promovió un Golpe de Estado por parte de los conservadores reaccionarios venezolanos. En España está ocurriendo algo similar a lo que criticaban en Venezuela con la diferencia de que Hugo Chávez centraba sus políticas en el pueblo y el Partido Popular gobierna para las élites, ya sean económicas, ya sean de clase, ya sean eclesiásticas, ya sean empresariales dando la espalda a sus gobernados. Es decir, lo mismo que haría cualquier dictador. Sin embargo, el Partido Popular se escuda en la mayoría absoluta que les dieron las urnas para legitimar este modo de gobernar.

La esencia de la Dictadura Parlamentaria del Partido Popular es, en primer lugar, el desconocimiento de lo que realmente significa un régimen democrático. En segundo lugar, la confusión de conceptos como «mayoría absoluta» y «totalitarismo». En tercer lugar, el secuestro del Parlamento. En cuarto lugar, la total asepsia hacia las verdaderas necesidades del pueblo al que gobiernan, tal y como haría cualquier dictador.

El desconocimiento de la realidad democrática está en la base del pensamiento en el que se basa la doctrina política que defiende el PP. La derecha española está más entroncada con los movimientos de ultraderecha de Europa que con la democracia cristiana. Se trata de un partido político que entronca con quienes fueron sus fundadores: antiguos dirigentes del Movimiento Nacional, antiguos ministros de Franco, que tenían una visión de la realidad un poco más moderada que el falangismo y el tradicionalismo oficial pero que no desdeñaba el espíritu del 18 de julio de 1936. El Partido Popular es el heredero natural del Movimiento Nacional y ahí se encuentra su modo de ver la democracia. Hasta aquellos que parecían más moderados se han convertido al nacional-sindicalismo más radical, tal y como vemos en el Ministro de Justicia, Alberto Ruiz Gallardón. Por este hecho, el PP ve en la democracia un medio para llegar al poder e intentar mantenerlo a costa de lo que sea. Lo importante es el poder, el resto es secundario. España es un país donde la extrema derecha no tiene un partido político que la represente tal y como ocurre en otros países donde, incluso, tienen mucha fuerza e influencia o gobiernan. El ejemplo lo tenemos en Francia con Marie Le Pen. ¿Por qué no se da este fenómeno en España? La respuesta no sorprenderá a nadie ya que la extrema derecha española está incluida dentro del propio partido que actualmente gobierna este país. La organización genovesa nació como canalizadora de lo que en la Transición se llamó el «Franquismo Sociológico», es decir, políticos que sin renunciar a sus ejecutorias en el Régimen no llegaban a la radicalidad de personajes como Girón de

Velasco o Blas Piñar en la defensa de los valores del 18 de julio de 1936. Alianza Popular nació como canalizadora de ese tipo de franquismo que todavía está vivo en una parte importante de los dirigentes y militantes del Partido Popular. Cabe recordar a los fundadores, los llamados «7 magníficos», casi todos ministros con Franco: Manuel Fraga Iribarne, ministro de Información y Turismo y ministro de la Gobernación en el primer gobierno de la Monarquía; Licinio de la Fuente, ministro de Trabajo entre 1936 y 1975 y Vicepresidente del Gobierno con Arias Navarro; Cruz Martínez Esteruelas, ministro de Planificación y Desarrollo y ministro de Educación y Ciencia en los gobiernos de Arias Navarro; Federico Silva Muñoz, ministro de Obras Públicas entre 1965 y 1970, el hombre que estuvo a punto de hundir la estrategia del Rey y de Torcuato Fernández Miranda en la elección de Adolfo Suárez tras la dimisión de Arias Navarro en 1976 al ser incluido en la terna del Consejo del Reino con la casi totalidad de los votos, cosa que no ocurrió por la marcha atrás en el último momento de Miguel Primo de Rivera; Laureano López Rodó, ministro en distintas carteras desde 1965 a 1974 y representante principal del sector del Opus Dei dentro de las instituciones franquistas; Enrique Thomas de Carranza; Gonzalo Fernández de la Mora, ministro de Obras Públicas desde 1970 a 1974. Uno de los principios fundacionales de Alianza Popular fue la unión de fuerzas que fueran partidarias de una democracia de corte europeo que frenase el avance social del marxismo y del separatismo. Como vemos esto no ha cambiado mucho con el paso de los años. Este es el germen sobre el que se sostiene el actual Partido Popular. Nació del franquismo y sigue representándolo en algunos aspectos queriendo enmascararlo dentro de ideologías como el liberalismo o la democracia cristiana.

Este modo de entender la democracia desde una posiciones ideológicas nacidas de una dictadura hacen más entendible el hecho de que el Partido Popular confunda los términos «mayoría absoluta» y «totalitarismo». Cuando los votos de los españoles les dieron una mayoría suficiente el PP se dedicó a gobernar como lo haría cualquier dictador. En el Ejecutivo de José María Aznar lo vimos en la cuestión de la guerra de Iraq, cuando el egocentrismo y el espíritu de imperio propio de cualquier joseantoniano embarcó a España en una guerra ilícita con las consecuencias que vimos el día 11 de marzo de 2004 cuando un grupo terrorista islámico mató a 200 civiles en los atentados de Atocha. Sin embargo, Mariano Rajoy ha ido mucho más allá. Aprovechándose de su mayoría absoluta en el Parlamento ha impuesto medidas y reformas a los ciudadanos que van en contra del interés general y que se olvidan de las verdaderas preocupaciones del pueblo al que gobierna, olvidándose de que su acción de gobierno debe estar orientada hacia todos los ciudadanos y no sólo a unos pocos privilegiados. Sin embargo, ¿qué se puede esperar de un Presidente que cree en las castas superiores, tal y como escribió en algunos artículos de prensa? No obstante la cosa no acaba ahí. No es sólo una cuestión parlamentaria, sino que este Ejecutivo está gobernando a base de Decretos Ley, sin pasar el control del Parlamento necesario en cualquier régimen democrático, llegando a despreciar a las instituciones a los ciudadanos enmascarando medidas impopulares dentro de Decretos Ley asépticos, no anunciando medidas que son publicadas subrepticiamente en el Boletín Oficial del Estado. Este modo de legislar es propio de una dictadura, por mucho que el Consejo de Ministros se escude en la situación económica del país.

La propia esencia del pensamiento totalitario del Partido Popular lo comprobamos en el modo en que han secuestrado las instituciones democráticas en general y el Parlamento en particular. La confusión de los términos «mayoría absoluta» con «totalitarismo» hace que el Partido Popular haya secuestrado el Parlamento. Cada petición de comparecencia de los partidos de la oposición, partidos que tienen ideologías tan dispares que van desde la izquierda hasta la derecha pasando por la indefinición ideológica de UPyD. Temas tan serios como la reforma de las pensiones, las políticas de creación de empleo, las políticas sociales o la propia corrupción interna del PP son parados en seco por la Mesa del Congreso. Esa negación de debate es un comportamiento totalitario propio de una dictadura. El consenso y la negociación es uno de los pilares en los que se basa la democracia y el Estado de Derecho. ¿Cuántas medidas, cuántas mociones, cuántas enmiendas presentadas por la oposición han sido aceptadas por este gobierno? Menos de un 2% de las que se presentaron. ¿Qué diferencia hay entre estos comportamientos con los que se pudieran presentar durante el franquismo en las Cortes? Ninguna. Este secuestro de las instituciones parlamentarias por parte del Partido Popular es un secuestro de la misma esencia de cualquier Estado de Derecho.

El consenso es uno de los pilares de cualquier régimen democrático. La eliminación de este consenso por parte del Partido Popular de Mariano Rajoy la vimos con la oposición irresponsable que hicieron al gobierno de Rodríguez Zapatero. Esa irresponsabilidad la han llevado también a su actividad cuando están gobernando. La derecha española tienen un concepto muy suyo de lo que significa la palabra «consenso». Para la derecha española el consenso es sinónimo de asentimiento, de embarcarse en sus proyectos sin realizar ningún tipo de negativa. La negociación y los pactos son un subirse al barco de las políticas de la derecha sin crear ningún tipo de divergencias. El consenso para el Partido Popular es sinónimo de sumisión, es decir, la antítesis del concepto sobre el que se asentó la recuperación democrática tras los 40 años de franquismo. Consenso, negociación, pactos sobre temas que son de interés general, son elementos fundamentales de cualquier Estado de Derecho. El PP los desprecia, por tanto, el PP es una organización política que desprecia miserablemente todo lo que significa estar dentro de un régimen democrático.

La Dictadura Parlamentaria también repercute en el modo de legislar de la derecha española, ya que, tal y como estamos viendo en los dos años de gobierno de Mariano Rajoy, el Ejecutivo del PP lo está haciendo con el único fin de favorecer con sus leyes y reformas a las élites que tanto ponderó el Presidente en sus artículos periodísticos. Lo más grave es que están abandonando a su pueblo, tal y como lo haría cualquier dictador. El Partido Popular, al imponer su mayoría absoluta, participa de los modos dictatoriales que dan la espalda a sus ciudadanos para favorecer a las élites económicas, religiosas o empresariales que les dan cobertura en contra de los verdaderos intereses y necesidades de sus gobernados.

Las verdaderas necesidades de los españoles son olvidadas en las reformas de Mariano Rajoy. Lo primero que esperan los ciudadanos de su gobierno es que les ofrezca la posibilidad de tener un puesto de trabajo. Sin embargo, el PP legisla para favorecer a los empresarios. Los ciudadanos piden protección contra los abusos de la banca en los desahucios y el PP legisla para favorecer a ésta. Los ciudadanos piden una educación y una sanidad pública de calidad y el PP legisla para privatizarla o para destrozar un sistema educativo equitativo basado en la igualdad. Los ciudadanos piden que la justicia sea igual para todos y el PP impone tasas para apartar a los más humildes de los juzgados o defiende a *presuntos* criminales utilizando a la Fiscalía o la Abogacía del Estado. Los ciudadanos piden que los derechos de la mujer sean respetados y el PP impone una reforma de la Ley del Aborto redactada por ultracatólicos. Los ciudadanos piden, piden, piden, y el Partido Popular se olvida de ellos. Igual que ocurriría en cualquier dictadura.

III

EDUCACIÓN Y CULTURA

La educación es uno de los pilares sobre los que se asienta el desarrollo de un país. Un país con altos niveles educativos es un país competitivo. Un país con un sistema educativo igualitario, donde todos los ciudadanos tengan las mismas oportunidades de acceder a una educación de calidad, es un país moderno. España era un país con un sistema educativo lo suficientemente competitivo en niveles de igualdad hasta la llegada del Partido Popular al poder, tanto en la etapa de José María Aznar como en la actual etapa de Mariano Rajoy. Cuando en España gobierna la derecha la educación se quiere convertir en un privilegio lo que es un derecho de todos los españoles.

El gobierno del Partido Popular ha impuesto gracias a su dictadura parlamentaria una nueva reforma del sistema educativo español, una reforma que basa su eficacia en la excelencia más que en el reconocimiento de un derecho recogido tanto en la Constitución como en la Declaración de los Derechos

Humanos. El ministro de Educación y Cultura, José Ignacio Wert, se escuda en los niveles de abandono escolar para defender el esperpento de reforma que nos han impuesto sin escuchar a nadie, ni siquiera a la comunidad educativa. Lo que no se ha parado a pensar es que esas tasas de abandono escolar vienen determinadas por la burbuja inmobiliaria que el propio Partido Popular creó con las leyes del gobierno de José María Aznar. Los jóvenes españoles abandonaban las aulas viendo los elevados sueldos que se percibían por un trabajo no cualificado. Irse a la construcción era sinónimo de disponer de mucho dinero en una edad en la que cualquier joven de otro país europeo estaba en las aulas. ¿Quién no ha visto a jóvenes de apenas 20 años conduciendo coches de alta gama? Los elevados salarios de la construcción hacían que a los jóvenes españoles no les resultara atractivo el continuar con su formación académica. De ahí viene una parte del abandono escolar. La otra parte está provocada por las consecuencias de la propia crisis. La necesidad de las familias españolas devastadas por el desempleo hace que los chavales no tengan las herramientas para poder continuar con sus estudios. Hambre, desnutrición, necesidad de buscar dinero donde no lo hay son causas para que los jóvenes tengan que buscar soluciones fuera de las aulas. Sin embargo, el ministro Wert sólo ve las causas ideológicas y no las verdaderas causas.

La LOMCE es una ley innecesaria e impuesta sin ningún tipo de justificación. ¿Qué hay de malo en la Ley Gabilondo que haga que se quiera destruir una ley que estaba avalada por todos los grupos parlamentarios hasta que el PP traicionó el pacto y el consenso alcanzado? No se ha hecho un análisis más allá de las cifras del Informe PISA. Wert no ha presentado ningún análisis DAFO acerca del modelo que consiguió consensuar el anterior gobierno. No se ha querido analizar porque la verdadera intención era la de imponer su propio modelo ideológico.

Los modelos de educación de la derecha española son los que se ha querido imponer. No se ha analizado la verdadera realidad de las aulas, sino que se ha pasado a una imposición obscena y miserable que es tan característica de los modos de hacer y actuar del Partido Popular. Se ha querido imponer su modelo ideológico, no el modelo necesario para mejorar nuestro sistema educativo.

Dentro de los ideales educativos de la derecha española se encuentra el formar mano de obra olvidándose del de educar. No hay más que ver cómo se ha eliminado una asignatura como *Educación para la ciudadanía*, donde se educaba a los niños y jóvenes en los valores que deben imperar en una sociedad justa y democrática, donde se educaba contra la homofobia o el racismo, donde se enseñaba a convivir con quienes son distintos o piensan diferente más que a adoctrinar. A la derecha española lo que le interesa es que de las aulas salgan ciudadanos con formación exclusivamente orientada hacia la sumisión ante el poder económico. La LOMCE lo que pretende es un adoctrinamiento más que un modelo de educación. No quiere que los alumnos salgan del colegio conociendo valores que la derecha y a quienes representa desprecian. Las premisas conservadoras lo que pretenden es que los alumnos no sepan reflexionar, no sepan tener espíritu crítico con lo que les rodea, no tengan un espíritu conciliador sino un pensamiento único.

El modelo ideológico del Partido Popular, por un lado, y las añoranzas de modelos franquistas del ministro Wert, hacen que la LOMCE tenga como uno de sus objetivos máximos la mercantilización del sistema educativo y objetivizar su función hacia las pautas principales del pensamiento económico neoliberal. Esto nos lleva a la búsqueda de la rentabilidad económica de un derecho, lo cual es imposible. Cualquiera que haya tenido un puesto de responsabilidad en una empresa privada contempla la formación como una inversión. El Partido Popular no ve inversión en los dineros puestos en el modelo educativo sino que ve un gasto. Esta es la diferencia. Pretenden que se implementen en el sistema educativo una cuenta de Pérdidas y Ganancias, lo cual no es posible ya que lo que existe es inversión y no ingresos en el corto plazo. Los ingresos vienen a posteriori. Para conseguir un mayor rendimiento y una menor inversión el PP tira del modelo que defiende: eliminar todo lo público para orientar su inversión hacia la educación privada, en colegios religiosos si es posible. Esto es una percepción ideológica de lo que debe ser un servicio público, puesto que los servicios que la Administración da a sus ciudadanos no deben buscar beneficios a corto plazo como si se estuviera manejando una cuenta de explotación. Los servicios a los ciudadanos es la devolución que el Estado hace al pueblo de los impuestos que paga para financiarlo. ¿Según esta visión, los ciudadanos debemos pagar más impuestos para que lo ingresado sea superior a lo gastado para que la cuenta de explotación tenga un resultado positivo? Para el PP, sí.

Pero ahí no queda la cosa. Esta falta de rendimiento económico de la educación a corto plazo les hace justificar los recortes en el modelo educativo. En primer lugar, eliminar el volumen de los programas de becas es un modo de eliminar la equidad de un sistema democrático. Recortar en becas es invertir en desigualdad, puesto que muchos estudiantes de clases medias o bajas, sobre todo universitarios, se vean obligados a dejar de estudiar ya que la figura del estudiante que se deja explotar en un trabajo poco cualificado para poder pagarse la carrera es una figura del pasado, puesto que en España los empresarios no quieren dar trabajo a nadie. Sin embargo, la política de Wert es la de poner todas las trabas posibles a los hijos de los trabajadores a la hora de acceder a la educación al endurecer los requisitos para acceder a una beca sin tener en cuenta la dificultad de las carreras universitarias. Ahí sí que hay igualdad a pesar de que está claro que no es lo mismo una titulación técnica que una de Humanidades. Ya hay muchos universitarios que han tenido que abandonar su carrera por problemas económicos y todo esto es resultado de las políticas del Partido Popular, dado que en un país en que no hay trabajo los padres no tienen posibilidad de financiar los estudios de sus hijos. Si a esto añadimos que España es una potencia mundial en destrucción de empleo y los estudiantes no pueden compatibilizar trabajo y estudios, como muchos hemos hecho, el desmantelamiento de nuestro sistema educativo para los más humildes es un hecho, es decir, que con el Partido Popular y con este ministro preconstitucional volvemos a los años del franquismo, donde solo estudiaban más allá de la primaria los hijos de los pudientes.

Una contradicción del objetivo principal de la LOMCE lo tenemos en la baja calidad de la enseñanza que se propone. Hay un hecho que cualquier persona con una lógica normal debe aceptar: a menor ratio alumnos/profesor la calidad de la enseñanza es superior. Con la LOMCE esa ratio subirá puesto que el modelo de rentabilidad del Partido Popular es la eliminación de puestos de trabajo del profesorado con el fin de recortar gasto salarial. Esta es la solución fácil, la solución que es el principio del problema. Imagínense ustedes que una empresa basada en fuerzas de venta quiere ser más competitiva eliminando comerciales. Como es lógico, esa empresa está destinada al fracaso puesto que su volumen de ventas descenderá. Con la educación y la plantilla de profesores ocurre algo parecido. La solución de la derecha española, como ya hicieron sus predecesores después de ganar la Guerra Civil, es la purga de maestros. A menos maestros, menos gasto, más rentabilidad. Al tener una visión puramente economicista no se han dado cuenta de que el aumento de la ratio lo que va a hacer es el incremento de un tipo de educación que ya se había desterrado hace varias décadas y que no se destacó por una mejora de la calidad de la formación recibida. Recuerdo cuando estudiaba EGB y teníamos un grupo de más de 40 alumnos por aula. A medida que las reformas del PSOE de Felipe González con los acuerdos de concierto educativo con los colegios privados iban en aumento, también se incrementó la calidad en las clases, al mismo tiempo en que los alumnos éramos menos.

Sin embargo, no solo atacan a los profesores, sino a los propios centros al reducir los presupuestos con los que pueden contar para la compra de materiales necesarios para que la eficiencia sea la lógica tanto a nivel de aplicación de los planes de estudio como a nivel de las condiciones de los alumnos. No nos cansamos de ver en la prensa no adscrita a las pautas propagandísticas del Partido Popular cómo hay colegios que no disponen de calefacción, de agua corriente o que tienen que dar las clases en barracones prefabricados. Esta reducción del presupuesto, además, provoca que una de las principales labores de un centro educativo, la social, quede reducida a nada y todo con la falsa excusa de que hay que eliminar costes. En la situación de pobreza en que Mariano Rajoy está sumiendo a los españoles es el colegio quien da a muchos niños el mínimo sustento para que no mueran de hambre. La reducción de los programas sociales de comedor, de becas, está provocando que muchos niños vayan a su centro sin comer o sin desayunar y, en muchos casos, son los propios profesores quienes se hacen cargo de pagar esas cuotas del comedor escolar para que estos niños (más de 2 millones) puedan volver a casa con una comida en el estómago. En un programa de televisión vi una imagen que hizo que me emocionara, por un lado, y que me indignara por otro. Un director de colegio contaba cómo un niño le preguntó cuánto costaba comer un día en el comedor, a lo que el director le dijo que 1,50€, por poner un precio simbólico. A la semana el niño se presentó en el despacho con una bolsita de plástico con monedas de céntimo y de dos céntimos que había recogido en la calle para que ese día pudiera comer en el comedor. Es un reflejo de lo que el Partido Popular está haciendo por los más humildes: nada.

El Partido Popular tiene, además, el cinismo de culpar de la poca competitividad de la economía española a la ineficiencia de los sistemas educativos. Esto es un pensamiento miserable cuando, en realidad, la falta de competitividad de las empresas españolas se encuentra en otro sitio, se encuentra en la falta de conciencia empresarial de los empresarios españoles o en el propio mapa empresarial español que tiene más de un 90% de PYMES o de trabajadores autónomos, dejando el resto a grandes empresas o a la no existencia de un sector industrial. Este cinismo lleva a plantear el sistema educativo como una antesala del mercado laboral, por lo que, todo el esfuerzo de las instituciones educativas debe ir orientado hacia la formación de trabajadores, no hacia la educación. Este pensamiento neoliberal hace que se comprenda que se haya eliminado de los planes de estudio la asignatura de Filosofía, algo tan necesario para la formación de la mente de los estudiantes pero que para el Partido Popular es un capricho. Hay que formar trabajadores, no personas. Hay que formar para entrar en el mercado laboral, no hay que formar para que los trabajadores sepan pensar por sí mismos. Según este planteamiento se deberían haber eliminado todas las asignaturas relacionadas con las Humanidades, puesto que éstas no dan un rédito adecuado, todo lo contrario, las Humanidades hacen que aquellos que el PP quiere sumisos productores sepan pensar y analizar, algo que la derecha española no puede permitir. Mejor un analfabeto que una mente educada. Así ha sido siempre y así será.

La LOMCE nos retrotrae hacia los modelos educativos clasistas del siglo XIX y del franquismo. Desprecia el principio de igualdad de oportunidades que proclama la Constitución Española. La bajada de la edad de comprehensividad a los 14 años ya supone una barrera para los niños de algunas etnias o clases sociales más desfavorecidas, algo que se legalizó en la Ley General de Educación de 1970, la Ley 14/1970, y en la que muchos se quedaron en el camino. Esto provoca que se generen bolsas de chavales no cualificados que son propicios para aceptar los abusos que desde el mundo empresarial como desde las pautas que marquen los mercados económicos. Es una forma de volver a la persona no cualificada que para sobrevivir aceptará cualquier cosa, cualquier salario, cualquier escenario de explotación.

Otro de los aspectos que acentúa el clasismo y la segregación social del modo de ver la educación por parte del Partido Popular es la apuesta por los centros especializados, centros que, en su práctica totalidad, son privados. No es posible que se haga un concierto, como ocurre con la Primaria o la ESO ya que la LOMCE no asegura que la Educación Infantil tenga un perfil educador, sino que pasa a ser asistencial, es decir, un privilegio. Los niños de las víctimas de la crisis o de la clase trabajadora no recibirán una educación igual a la de los niños de las clases acomodadas, privilegiadas o protegidas por el PP, lo cual ya es un atentado contra la igualdad de oportunidades que en lo referido a la educación pondera la Constitución de 1978.

Cualquier forma de segregación es una manera de generar desigualdad. Esto es lo que hace la Ley Wert al primar la excelencia de los resultados por encima de otras ponderaciones.

La Ley Wert, además, nace con el estigma de que en algunos aspectos está redactada por la Conferencia Episcopal o por asociaciones religiosas que basan su forma de actuar en la intolerancia hacia el distinto y por la imposición de su modo de ver la vida. Hay dos aspectos en los que se puede ver esta vuelta atrás del sistema educativo español. Por un lado, tenemos la apuesta por los colegios que segregan a los alumnos por sexo. ¿Quiénes regentan colegios de este tipo? El Opus Dei o similares asociaciones de pensamiento ultracatólico que recibieron grandes prebendas por parte del Papa Juan Pablo II y que, en algunos casos, están acusadas de pedofilia. La segregación por sexo en los colegios es una aberración, es un modo de discriminar o de potenciar la desigualdad de las mujeres. Ante el crecimiento de este tipo de centros y su acogimiento a los conciertos económicos, el Tribunal Constitucional dictó sentencia en contra de los centros ultracatólicos al no permitirles acceder a los conciertos en base al principio de que la segregación por sexo es un tipo de discriminación. El ministro Wert reaccionó legislando en favor de dichos colegios y yendo en contra de la doctrina del TC. Todo un ejemplo de aceptación de los principios constitucionales y de la democracia, valga la ironía.

Por otro lado, la inclusión de la asignatura de religión católica al mismo nivel que las matemáticas o la literatura. Esto es una vuelta al nacionalcatolicismo franquista. Tras acabar la Guerra Civil, se produjo una purga de maestros que terminó con algunos rehabilitados y la gran mayoría inhabilitados para ejercer la docencia, dado que habían estado en el lado de la libertad y de la legalidad vigente. El control de la educación en España le fue entregado a la Iglesia Católica con el único fin de que adoctrinaran a la juventud tanto a nivel religioso como a nivel político. Con la Ley Wert ocurrirá lo mismo. Al categorizar en el mismo nivel a la religión católica que asignaturas troncales como las matemáticas, la física, la historia o la literatura lo que se pretende es el adoctrinamiento de los niños. En un país laico (aconfesional pone en la Constitución, un término que fue colocado para no levantar ampollas entre los ultras) no es de recibo que en los colegios se incluya la religión católica y, mucho menos, que sea una asignatura evaluable. Los defensores de que la religión esté en los colegios afirman que se trata de cumplir los acuerdos con el Vaticano. Estos acuerdos son tan injustos y están tan desfasados que ya debería haber alguien que los derogara, ni siquiera que los renegociara.

Hasta ahora nos hemos centrado en la educación reglada, la de los institutos y los colegios. En lo referido a la educación universitaria se está queriendo promover la privatización de la misma, acoger el modelo norteamericano. Esta es una de las aspiraciones del modelo económico neoliberal, el engrase de la maquinaria de los mercados. Si no hay universidades públicas y se centra todo en las privadas, los estudiantes de las clases trabajadoras o menos favorecidas que quieran acceder a una educación universitaria se verán obligados, al igual que en Estados Unidos, a solicitar préstamos estudiantiles, por lo que ya están endeudados antes de acceder al mercado laboral. Este endeudamiento previo lo que hará es lograr profesionales sumisos a las condiciones injustas que les quieran poner los empresarios ávidos de tener trabajadores que se dejen explotar. Desde los diferentes gobiernos del Partido Popular se están poniendo en práctica estrategias orientadas hacia esto. En un país en que los salarios se están desplomando, en que hay un 26% de personas desempleadas, en que más de 3 millones de ciudadanos no disponen de ningún tipo de ingreso salvo lo que puedan sacar de la economía sumergida; en un país donde los que ya cumplieron, los pensionistas, son los que soportan de nuevo la responsabilidad de garantizar la supervivencia de sus familias; en un país donde desde el poder se desprecia todo lo que no pueda ser un nicho de negocio, los gobierno del Partido Popular recortan los presupuestos de las universidades y suben las tasas que los alumnos deben pagar en sus matrículas. El ejemplo lo tenemos en el laboratorio neoliberal de Mariano Rajoy: la Comunidad de Madrid. En esta autonomía las tasas han subido un 66% desde el año

2008. Por otro lado, la CAM deriva más recursos hacia subvenciones a las universidades privadas que hacia el mantenimiento de las públicas. Con estos pocos datos queda claro el objetivo: hacer negocio con la educación al promover la proliferación de centros privados que sólo acepten a alumnos que puedan pagarse una carrera, mientras que los que han sido azotados por la crisis o los hijos de trabajadores entren en el censo de prospectos de explotación laboral.

El Partido Popular está vaciando las aulas de las universidades. Además tienen la indecencia de afirmar que sus medidas están haciendo de la universidad española una entidad más eficiente ya que la subida de tasas hace que los alumnos se matriculen sólo de los créditos que pueden aprobar. Este es un argumento miserable y que demuestra el desconocimiento de la realidad de la calle que tiene el partido ultraconservador español. Los alumnos que dispongan de capacidad para pagar las nuevas tasas se matricularán de las asignaturas **que puedan pagar**, no las que puedan aprobar. Es decir, que las medidas tomadas por Wert están destinadas a plantear la educación universitaria como una línea de producción donde los consumidores, en este caso los estudiantes, consumen sólo lo que pueden pagar y no a lo que tienen derecho.

Si a esto añadimos el recorte salvaje de las becas universitarias y la reducción del presupuesto para las públicas en contra del aumento de las subvenciones para las privadas, nos encontramos ante un panorama donde se atisba que el Partido Popular ha encontrado un nuevo nicho de negocio: la privatización de la educación universitaria. Desde algunos foros y fundaciones afines al Nuevo Movimiento Nacional ya se han lanzado globos sonda a través de declaraciones en las que se hace hincapié en que el Estado y las Comunidades Autónomas sólo están obligados a gestionar la educación obligatoria y no la superior o la universitaria. Esto nos lleva a pensar que los humildes sólo tendrán acceso a la educación secundaria. Da la sensación que desde el Partido Popular no se soporta que los hijos de los trabajadores o de las clases humildes lleguen a tener una formación igual o superior a la de las élites que ellos representan.

En lo referido al mundo de la cultura el ataque del Partido Popular hacia los sectores que ofrecen a los ciudadanos sus creaciones es frontal. Los dirigentes del Nuevo Movimiento Nacional no olvidaron cómo en el año 2003 fueron los intelectuales y los artistas quienes se pusieron al frente de las movilizaciones ciudadanas que llenaron las calles españolas para protestar contra la irresponsabilidad del gobierno de José María Aznar a la hora de meter a nuestro país en una guerra ilegal, innecesaria y que sólo estaba basada en los intereses de los Estados Unidos y su aliado natural, Reino Unido. El egocentrismo de un presidente que quería recuperar para España el espíritu de Imperio que tanto reclamaron José Antonio Primo de Rivera o Francisco Franco nos embarcó en una guerra de colonización que más tenía que ver con intereses de las grandes empresas americanas que con la lucha contra el terrorismo internacional. Aznar fue el tonto útil, ya que, del «pastel» de Iraq España sólo se comió las migajas. Todo el mundo se puso en contra de la invasión del país persa. Las manifestaciones contra los tres de las Azores se repitieron una semana sí, otra semana también. Las reivindicaciones de parar la guerra llegaron hasta algo tan políticamente aséptico como es la ceremonia de los Oscars. En España las calles se llenaron con millones de personas unidas bajo el grito «NO A LA GUERRA». Actores e intelectuales se pusieron al frente de esta movilización ciudadana. La Gala de los Goya de ese año fue antológica desde el punto de vista reivindicativo. Y, lo que es más importante, el PP ni olvida ni perdona. Se la tenía guardada para cuando tuviera oportunidad.

La derecha española siempre se ha caracterizado por la ausencia de figuras de la cultura que les den su apoyo. Nombres como Arturo Fernández, Leticia

Sabater, Sánchez Dragó, Paquita Rico y alguno más conforman la nómina de personas adscritas al ultraconservadurismo que representa el PP. El resto de la cultura se encuentra en el otro lado. Por tanto, que Rajoy y su partido ataque a la cultura no va a provocar problemas en aquellos que desde el mundo cultural les apoyan, puesto que son elementos de segundo nivel caracterizados por su mediocridad. No les ha hecho falta realizar ningún tipo de movimiento anticultura para destrozar el mundo cultural. Simplemente han aplicado medidas económicas con el fin de atacar la supervivencia de este mundo. La subida del IVA cultural al 21% ha provocado que la cultura en España se haya convertido en un lujo y no en un producto de interés general. El Partido Popular se ha servido la venganza fría: después de casi 9 años. Se han cerrado editoriales, productoras de cine, empresas exhibidoras, teatros, multitud de actores de primera línea se encuentran en paro. El consumo de cultura en España se ha ido hacia cifras que no había ni siquiera en los años del franquismo.

Las iras de la derecha española se han lanzado sobre todo hacia los actores porque son personas más expuestas a la opinión pública. Todo ello, además, aderezado con la presión del aparato mediático del PP, de esa prensa mamporrera que funciona como órgano de propaganda que aprovecha cualquier noticia relacionada con los actores para hacer demagogia o burda manipulación. El origen de este odio hacia los actores viene, principalmente, de esa lucha contra la guerra de Iraq. No obstante, el desprecio hacia el colectivo de los actores ya estaba señalado por la derecha española desde el año 1975 fecha en la que los actores españoles se declararon en huelga en un país en el que estaba prohibida la huelga. Figuras que eran símbolos de la raza hispana para el franquismo como Lola Flores o Sara Montiel se sumaron a la huelga que dejó sin teatros o televisión a los españoles. Eran otros tiempos, pero fueron unos valientes. El día en que se reanudaron las funciones los actores recibieron ovaciones que hacía mucho tiempo que no recibían. Jesús Puente afirmó que jamás se había emocionado tanto como con aquella ovación. Esto la derecha no lo olvidó y si lo unimos a la reivindicación del NO A LA GUERRA la venganza estaba servida. Y lo han hecho con la subida de un impuesto que está generando desempleo y la destrucción de un sector que es vital para el desarrollo de cualquier sociedad.

Acabar con la cultura y privilegiar la educación sólo a quienes se lo puedan pagar es un modo de crear ciudadanos sumisos, ciudadanos que tengan la formación suficiente para replantearse las injusticias que vienen desde el poder, sobre todo cuando ese poder se encuentra en manos de la derecha. Un pueblo sin cultura es un pueblo sometido. Eso es precisamente lo que pretende la derecha: la sumisión.

IV

SANIDAD

La Constitución Española vigente, ratificada en Referéndum por los españoles el 6 de diciembre de 1978, tiene varios artículos relacionados con la protección de la salud. El artículo 15 dice *Todos tienen derecho a la vida y a la integridad física y moral, sin que, en ningún caso, puedan ser sometidos a torturas ni a penas o tratos inhumanos o degradantes. Queda abolida la pena de muerte, salvo lo que puedan disponer las Leyes penales militares para tiempos de guerra.* El artículo 40.1 afirma que *Los poderes públicos promoverán las condiciones favorables para el progreso social y económico y para una distribución de la renta regional y personal más equitativa en el marco de una política de estabilidad económica. De manera especial realizarán una política orientada al pleno empleo.* El artículo 40.2 afirma que *Asimismo, los poderes públicos fomentarán una política que garantice la formación y readaptación profesionales;*

velarán por la seguridad e higiene en el trabajo y garantizarán el descanso necesario mediante la limitación de la jornada laboral, las vacaciones periódicas retribuidas y la promoción de centros adecuados. El artículo 43.1 afirma que *Se reconoce el derecho a la protección a la salud.* El 43.2 afirma que *Compete a los poderes públicos organizar y tutelar la salud pública a través de medidas preventivas y de las prestaciones y servicios necesarios. La ley establecerá los derechos y deberes de todos al respecto.*

Como podemos comprobar, la Carta Magna española reconoce explícitamente el derecho que tienen todos los españoles a recibir por parte de las Administraciones Públicas una protección de su salud a través de la gestión pública de la sanidad. Con el Partido Popular esto se está acabando. La derecha española está destrozando un Sistema Nacional de Salud envidiado por todo el mundo, un SNS que, por cierto, fue implementado por el gobierno de Felipe González con la reforma de Ernest Lluch.

Siempre que hablamos de reformar los sistemas de salud nos hallamos con tensiones entre los intereses humanitarios, los intereses económicos y los derechos sociales y personales de los ciudadanos. Conjugar estos intereses es prácticamente imposible, puesto que el ejercicio de los derechos es antitético a los intereses económicos puesto que aquéllos no generan beneficios. Este hecho lo hemos visto recientemente en Estados Unidos con la reforma sanitaria de Barack Obama, con las reformas neoliberales de Margaret Thatcher y ahora lo tenemos en España con la masacre sanitaria que quiere perpetrar la ministra Mato o las Comunidades Autónomas gobernadas por el Partido Popular.

La Reforma Sanitaria de Ernest Lluch supuso un impulso inédito en este país para que la atención sanitaria fuera mejorada partiendo de la base de la confirmación de los derechos a la salud y la sanidad recogidos en la Constitución. Los puntos principales de esta Reforma fueron:

1. Incremento de la cobertura sanitaria a casi el 100% de los ciudadanos
2. Incremento del gasto público en sanidad en 0,8 puntos PIB
3. Aumento al 78% de la financiación pública
4. Definición e incremento de las prestaciones sanitarias, poniendo el foco principalmente en:
    a. Atención primaria
    b. Atención a la salud mental
    c. Planificación familiar
    d. Creación de la política de trasplantes
5. Configuración de una atención sanitaria completa y de calidad

Además, se incorporaron novedades significativas que garantizaban que la sanidad pública llegara a todos los ciudadanos. En primer lugar fue muy importante el acercamiento de los profesionales a los ciudadanos al crear la Red de Atención Primaria y la creación de los Centros de Salud que hasta entonces no había salvo en ciudades importantes. En el mundo rural no existían. También se modificaron los papeles de actores tan importantes como el Cuerpo de Enfermería, dándoles más responsabilidad y se incluyó un aspecto muy importante para el cuidado de la salud de los ciudadanos: la historia clínica.

En la actualidad la sanidad supone un gasto de 6,99% de PIB al ser una prestación no contributiva. Esto que puede parecer mucho dinero supone un punto porcentual menos que la media europea. La Sanidad española es ejemplo y referente en muchos aspectos, como, por ejemplo, el Sistema de Trasplantes. Evidentemente, desde la Reforma de Lluch el gasto sanitario ha ido creciendo en la misma progresión en que subía el PIB, pero siempre ha estado por debajo de las medias de los países europeos, por tanto, es un sistema viable y sostenible.

No obstante el Partido Popular ha puesto en cuestión el modelo sanitario, no por su viabilidad o por su sostenibilidad presupuestaria, sino por el único fin de aplicar su modelo ideológico en este aspecto, un modelo ideológico que es una burda copia de las reformas que aplicó en los años 80 del siglo XX en Reino Unido Margaret Thatcher. Dentro de su modo mercantilista de ver la vida no puede ser que el Estado dé nada a los ciudadanos a cambio de nada. No es posible que la gestión de la sanidad sea deficitaria y debería dar beneficios. El PP ve en la sanidad un derecho deficitario y, por tanto, hay que convertir a los pacientes en clientes.

Los recortes presupuestarios en materia sanitaria han sido brutales. Hacer un balance sobre la gestión de la sanidad por parte del Partido Popular, tanto a nivel de gobierno central como a nivel de sus gobiernos autonómicos, es adentrarnos en un territorio infame y miserable porque atacar el Sistema Nacional de Salud es atacar a los más débiles, a aquellos que no tienen medios para pagarse una póliza privada. Sin embargo, los dirigentes *populares* se escudan en argumentos económicos, en la necesidad de reducir costes para dar una mejor atención. ¿Cómo se va a dar una mejor atención con menos medios? Esta ecuación de hacer más y mejor con menos es una utopía, un mantra falso para defender lo indefendible.

El Partido Popular está reduciendo inversión en sanidad en aspectos que afectan a la salud de muchos ciudadanos. Según el lenguaje eufemístico del PP se está *regularizando* la Cartera Básica Suplementaria con el fin de reducir los costes sanitarios y de cumplir los objetivos de déficit marcados por Bruselas. El gobierno de Mariano Rajoy ha querido vender en Bruselas estas medidas para ponerse la medalla de que están luchando por conseguir ese sacrosanto déficit. En un informe remitido a Comisión Europea la *racionalización del gasto sanitario cobra una importancia destacada.* Gracias a esta *regularización* los pacientes celiacos o diabéticos que requieran de complementos alimenticios tendrán que pagar una parte de su coste. Esto es jugar con las necesidades primarias de los ciudadanos aquejados por estas afecciones, pero sus enfermedades son un lastre para cumplir los objetivos de déficit. Los pacientes que necesiten trasladarse en ambulancia para recibir sus tratamientos en hospitales tendrán que pagar 5 euros por cada trayecto. Ciudadanos que precisan de trasladarse para recibir hemodiálisis o sesiones de quimio o radioterapia serán los afectados por este copago o repago. Esto es jugar con la vida de estas personas, puesto que si un paciente oncológico no puede trasladarse para recibir su tratamiento morirá. Lo mismo con los que reciben hemodiálisis. Pero claro, el objetivo de déficit es prioritario ante la vida de las personas. Los ciudadanos que precisen de una prótesis, ya sea temporal o fija, tendrán que pagar una parte de su coste, un coste elevado, por cierto. Lo mismo ocurre con las mujeres que quieren recibir tratamiento de reproducción asistida. Si no hay varón de por medio, las mujeres no podrán concebir puesto que sólo se permite el tratamiento en mujeres heterosexuales y con pareja estable por *razones médicas*. Por tanto, una mujer que sea lesbiana o soltera no podrá ser madre, y todo por obra y gracia de Ana Mato, ya que la concepción fuera del tálamo matrimonial está prohibido por la Iglesia y es pecado. Todo lo anterior viene a resumir que para Mariano Rajoy y su ministra de Sanidad, Ana Mato, los tratamientos vitales deberán ser compatibles con los objetivos de cumplimiento de déficit que nos marca la Comisión Europea. Para el PP la salud y la sanidad de los ciudadanos no es prioritaria. Lo prioritario es el cumplimiento de los objetivos de déficit.

Otra de las medidas tomadas por el gobierno neoliberal de Mariano Rajoy es el copago farmacéutico. El año 2013 fue el primer año completo en el que se aplicó este repago de algunos fármacos. Según las teorías de Pepe Gotera del Partido Popular en lo referente a las prestaciones sanitarias, esta medida se aplica para ahorrar y para evitar el consumo irresponsable de medicamentos. Sin embargo lo que se ha provocado es que muchos enfermos dejen de tomar las medicinas de sus tratamientos, sobre todo en los pensionistas que hasta ahora no tenían que pagar ningún medicamento. En este aspecto se ve cómo el Partido Popular está maltratando a los pensionistas, ya que, mientras les sube su pensión un 0,25%, les incrementa el copago de sus medicinas un 1,5%. Es decir, 6 veces más del incremento de su ya mermada pensión. Para implantar este sistema de copago se ha necesitado una inversión de más de 90 millones de euros, un gasto inútil ya que este copago será derogado cuando la izquierda vuelva a gobernar. Pero esta medida injusta no sólo afecta a los pensionistas, sino también a miles de enfermos crónicos que, a causa de la crisis, del desempleo o de haber entrado en una situación de pobreza, no retiran sus medicinas porque no pueden hacer frente a este copago.

Referido a lo anterior hay que tener en cuenta la mezquindad con que el PP gobierna. Hay Comunidades Autónomas que para reducir el coste de los medicamentos han recurrido a otras fórmulas que no afecten a los ciudadanos. Un ejemplo es la subasta de medicamentos de la Junta de Andalucía. Cualquier medida que se presente por alguien ajeno al PP es declarado enemigo de la Patria, por mucho que beneficie a los ciudadanos. Sólo existe un camino, el que marcan ellos y fuera de ese camino no hay nada, tal y como nos recordó María Dolores de Cospedal en la Conferencia Política de Valladolid.

También han intentado implementar este sistema de copagos en la farmacia hospitalaria, una medida que no impacta en exceso en el gasto y que incluso los presidentes autonómicos del PP rechazaron. Hay que recordar que la farmacia hospitalaria sólo expende medicinas que son excesivamente caras y que no se comercializan en las farmacias de calle. Además son tratamientos cerrados pero que pueden afectar a la vida de las personas. Un ejemplo lo tenemos con las inyecciones que deben aplicarse los enfermos oncológicos para hacer frente a la bajada de defensas tras la quimioterapia. El copago que quiso imponer Ana Mato podría haber provocado que muchos pacientes no hubieran podido hacer frente a la cantidad a pagar y dejar de inyectarse les provocaría la muerte.

También relacionado con el copago farmacéutico la derecha española fue más lejos al querer imponer el euro por receta. Aquí hablo de la derecha porque se quiso aplicar en Cataluña, gobernada por CiU, y en Madrid, gobernada por el PP. El gobierno de Mariano Rajoy recurrió ante el Tribunal Constitucional la medida aplicada en Cataluña. Este recurso provocó que se enfrentara al PP de Madrid porque no tuvieron más remedio que recurrir el madrileño del mismo modo que lo hicieron con el catalán. El TC paralizó la medida.

Con el Partido Popular en el poder, la inversión pública que sostiene el Sistema Nacional de Salud ha descendido debido a los recortes impuestos por la Comisión Europea por un lado y por su propia intención de implantar su ideología en la sanidad pública. Los recortes están provocados por el cumplimiento de los objetivos de déficit marcados desde la UE al son de las políticas de austeridad que salen desde Alemania, desde la Alemania que está gobernada por una de las ideólogas de la destrucción del Estado del Bienestar en el sur de Europa. Hay que cumplir con esos objetivos y hay que priorizar el pago de la deuda ante otras necesidades de los españoles. Por otro lado, está la ideología neoliberal donde no entra la asistencia sanitaria universal, tal y como impera en otros países que son paradigma de este modelo económico. Lo vemos en Estados Unidos, donde su sistema sanitario está en manos de las aseguradoras privadas y cualquier atención cuesta un dineral. Este sistema está basado en la rentabilidad de las empresas, aspecto este reflejado a la perfección en la película *Sicko* de Michael Moore. ¿Es este el sistema que pretende implantar el Partido Popular en nuestro país? ¿Quieren destrozar un Sistema Nacional de Salud que era envidiado por medio mundo? Todo indica que sí, pasando por encima del derecho a la salud que recoge la Constitución. Lo importante para el PP es que las Administraciones Públicas no inviertan en sanidad, que esta falta de inversión deteriore de tal modo la sanidad pública para espantar a los ciudadanos hacia la privada.

La reducción de las partidas presupuestarias desde que gobierna Mariano Rajoy y sus palmeros de las Comunidades Autónomas repercute en la salud de los ciudadanos, poniéndola en riesgo extremo. Las medidas que han tomado los dirigentes ultraconservadores con la excusa del ahorro y del cumplimiento del déficit van dirigidas hacia el desprestigio de la sanidad pública, transformando un sistema sanitario envidiado y clonado en muchos países en el que ellos quieren: un SNS que no cubra las necesidades de los ciudadanos para que éstos vayan transvasando el cuidado de su salud hacia las aseguradoras privadas. Por tanto, el objetivo del Partido Popular es la de generar más negocio y mayores beneficios. ¿Cómo se logra esto? Recortando 3.000 millones de euros en las partidas presupuestarias dedicadas a la sanidad. Estos recortes han provocado que se cierren camas, que se intentaran cerrar centros de salud como ocurrió en la Castilla-La Mancha de María Dolores de Cospedal, saturación en los servicios de urgencias, muertes por falta de medios. Ya se ha comentado en líneas anteriores que el Sistema Nacional de Salud español es sostenible económicamente. Sin embargo, para el Partido

Popular no es así ya que para ellos la mejor inversión en la sanidad pública es la inversión 0 garantizando la atención a los ciudadanos siempre y cuando los pacientes se conviertan en clientes de las aseguradoras y de las empresas sanitarias, muchas de ellas con altos cargos del PP en sus órganos de gobierno o entre sus accionistas. Una de las consecuencias más sangrantes de los recortes o de la inversión negativa, como afirmaría eufemísticamente cualquier dirigente del Partido Popular, es el incremento de las listas de espera en los hospitales públicos. Son muchos los ciudadanos españoles que tienen que esperar más de 9 meses para ser operados. Este hecho es un desprecio hacia todos los españoles. No se puede permitir que una persona tenga que sufrir dolores porque los recortes provocados por las condiciones impuestas por la Troika hayan reducido el número de profesionales, de camas de hospital o de quirófanos abiertos. Es un hecho inhumano. Para salvar las cifras el PP ha llegado a acuerdos con clínicas privadas para que ciertas intervenciones se realicen en estos centros, lo que aumenta los costes. Sin embargo, como se trata en la privada este dinero no se recorta, sino que se amplía al mismo ritmo que se multiplican los pacientes que deben esperar para recibir una atención que les pertenece por derecho. Por poner varios ejemplos, en la Castilla La Mancha de María Dolores de Cospedal se derivan los pacientes no ya a centros privados de su Comunidad Autónoma, sino que lo hacen a los de la Comunidad de Madrid, con el riesgo para la vida de los pacientes que estos traslados conlleva. En la Comunidad de Madrid se ha incrementado un 34% el número de personas en espera de una intervención mientras la CAM ahonda en recortes en la sanidad tras el varapalo judicial que sufrió con su intento de privatización de 6 hospitales.

¿Hay una estrategia comercial por parte de aseguradoras privadas y Administración Pública gobernada por el PP en esos convenios? ¿Se trata de una estrategia de marketing que el Partido Popular se centre más en potenciar dichos convenios que en apostar por una inversión en la sanidad pública? Con la ideología neoliberal de desprecio a lo público del Partido Popular es muy probable que así sea, que se trate de una estrategia para captar clientes para las aseguradoras. No estoy en contra de estos convenios, pero racionalizándolos. El hecho de que un paciente sea intervenido en la privada puede ser comparado con las muestras gratis de producto que nos dan en cualquier supermercado. Hay que reconocer que ciertas condiciones de las clínicas privadas están por encima de los hospitales públicos, por un mero hecho numérico.

Al igual que ocurrió con la educación, en la sanidad han sido los profesionales quienes le han hecho frente a las medidas neoliberales e ideológicas que quiere implementar Mariano Rajoy y sus barones territoriales. Ellos han sido quienes están sufriendo más las reformas puesto que están siendo los que están siendo podados del sistema. Según la Encuesta de Población Activa el Partido Popular ha cercenado el empleo de más de 50.000 profesionales, entre médicos y personal sanitario. ¿Cómo se puede sostener un sistema sanitario sin médicos? Las medidas tomadas han sido varias, desde la no renovación de contratos hasta la jubilación forzosa de eminentes médicos, tal y como ha ocurrido en la Comunidad de Madrid. En algunos casos, estas jubilaciones imperativas se cebaron con jefes de planta o directores de departamento, lo que puso en alto riesgo la salud de millares de personas. No obstante, la salud de los ciudadanos es algo secundario para los ultraconservadores españoles. Lo que es prioritario es el objetivo de déficit que nos impuso la Comisión Europea, es decir, lo contrario a los verdaderos intereses de los ciudadanos.

El desprecio que el Partido Popular siente por el Sistema Nacional de Salud lo vemos en el intento de privatización de 6 hospitales públicos en la Comunidad de Madrid. Esta Administración subastó estos seis centros que adjudicó a las tres únicas empresas que presentaron propuesta para hacerse con la gestión de dichos hospitales. Estas compañías se encargarían de la gestión de estos centros a cambio de una cantidad de dinero menor de los costes que la CAM afirma que le supone la gestión sanitaria pública. Hay que tener en cuenta que se trata de empresas y, como cualquier empresa, su objetivo es el de obtener beneficios. Si se paga menos y de esa cantidad menor hay que sacar el porcentaje de beneficio neto para dichas empresas. ¿Dónde se encuentra el beneficio para los ciudadanos? En ningún sitio, ya que por muy buena gestión que hagan el servicio se resentirá. Lo más grave es que la Comunidad de Madrid no ha facilitado datos que confirmen que esos cálculos son reales, que es cierto que la gestión privada de esos hospitales va a ser más eficaz y va a provocar ahorro a los ciudadanos sin perder la gratuidad y la universalidad de la atención. Según el departamento del ex-consejero Fernández-Lasquetty hay un ahorro de casi 200 euros por habitante con el modelo privatizado, pero, como casi todo lo que afirma alguien del PP, es mentira, ya que en ese coste por habitante no se incluyen los costes del sistema de trasplantes o el I+D que sí que se imputan a la gestión pública. Lo que sí demuestran los datos es que la privatización saldrá más cara para los ciudadanos en algunos de los hospitales. El Hospital Infanta Leonor de Vallecas cuesta al año 100 millones de euros. Este hospital da cobertura a más de 300.000

personas. Si aplicamos el canon que ha determinado la Comunidad de Madrid de coste por habitante tras la privatización (411 euros), la gestión privada del Hospital de Vallecas significará para los madrileños más de 120 millones de euros. Un ahorro que tiene un sobrecoste de más del 20%. ¿Ven ustedes que no es una cuestión de ahorro sino de generar negocio? Sin embargo, el afán privatizador de la Comunidad de Madrid, a la que algunos llaman el «laboratorio neoliberal del PP», va más allá con el intento de privatización de 37 Centros de Salud. El resultado será el mismo, pero con la diferencia de que aquí están queriendo hacer negocio con la sanidad más próxima al ciudadano.

En España hubo dos Comunidades Autónomas que fueron pioneras en la privatización de la gestión de la sanidad pública. Se trata de Cataluña y de la Comunidad Valenciana. Las economías de estas dos Comunidades están en quiebra técnica y para seguir dando los servicios a los que están obligados tienen que recurrir constantemente al Fondo de Rescate para poder financiarse. Esta quiebra, en gran medida y derroches «calatravescos» a parte, viene en gran medida por el incremento de los costes sanitarios tras la privatización. Incluso, en algunos casos, las empresas adjudicatarias tuvieron que devolver la gestión de sus hospitales porque no les era rentable.

¿Ven cómo el único fin es el negocio y no el ahorro o la optimización de recursos?

En la Comunidad de Madrid se hizo un frente ciudadano contra estas privatizaciones, la llamada «Marea Blanca». Al igual que ocurrió con otras reivindicaciones se produjo una unión entre profesionales, usuarios y pacientes de la sanidad pública para parar el llamado «Plan Lasquetty». Por un lado hubo movilización ciudadana, además de huelgas de los médicos y profesionales sanitarios. Por otro lado, las asociaciones médicas se lanzaron a una batalla judicial con el apoyo de los partidos de la oposición. Las huelgas eran apoyadas, incluso, por pacientes afectados porque su operación o su consulta con el especialista se tenía que retrasar tras estar varios meses en lista de espera. Algo insólito. Un movimiento ciudadano al que el Partido Popular intentó demonizar desde sus púlpitos políticos y a través de esa prensa mamporrera más cercana a *El Alcázar* o *Arriba* que a un medio de comunicación democrático independiente. Esta movilización y, sobre todo, la batalla judicial dio la razón a los profesionales, incluso pasando por encima de maniobras torticeras y de estrategias miserables promovidas por magistrados muy próximos al PP. El Presidente de la Comunidad de Madrid no tuvo más remedio que paralizar el Plan Lasquetty. De nuevo se comprobó que la movilización ciudadana es la mejor medicina para luchar contra el cáncer que provocan en el pueblo las políticas de la derecha.

La Comunidad de Madrid, como laboratorio del negocio que la derecha quiere hacer con un derecho como es el de la sanidad, es también ejemplo de lo que se ha llamado «la puerta giratoria», es decir, pasar a ocupar cargos en empresas cuya actividad tiene relación directa con la gestión pública desempeñada. Dos exconsejeros y varios altos cargos están imputados por aprovecharse de las medidas que tomaron y su paso a la empresa privada. Es posible que no sea ilegal esa puerta giratoria, pero no es ético. Sin embargo, ¿existe la ética política en la derecha española? Los hechos demuestra que no.

V

POLÍTICAS ECONÓMICAS

Desde que entró en el gobierno el Partido Popular la economía real, la economía de calle se ha ido deteriorando hasta niveles que acercan la verdadera situación de los ciudadanos a la que se puede vivir en países en vías de desarrollo. Los niveles de pobreza alimentados por las políticas económicas del Partido Popular están llevando a la supuesta cuarta potencia de la Unión Europea a modos de vida que ya parecían olvidados, que ya no se veían en este país desde los tiempos de la posguerra.

Mariano Rajoy, sus ministros y los dirigentes de su partido han puesto como causa principal de esa política económica en la herencia recibida del gobierno de José Luis Rodríguez Zapatero. Esto es una infamia. No seré yo quien alabe el modo de gestionar el inicio de la crisis desde el año 2009 por parte de ZP y, sobre todo de la presunta Economía,

Elena Salgado. Sin embargo, el origen de lo que está ocurriendo hoy en España se encuentra en la propia gestión económica del Partido Popular.

Es curioso que un gobierno cuya legitimidad democrática quedó en entredicho por el incumplimiento sistemático del «contrato» que suscribieron con los ciudadanos en las elecciones del 20 de noviembre de 2011 no haya hecho más que escuchar de los labios de quienes «gobiernan» España que se ven obligados a destrozar el estado del bienestar por culpa de la herencia recibida del anterior gobierno. Una forma de echar balones fuera pero que es una mentira más ya que esa herencia no viene del gobierno de José Luis Zapatero, al menos en parte. La herencia recibida es la herencia de sí mismos, la herencia de las políticas económicas de los gobiernos de José María Aznar en los que Mariano Rajoy fue uno más de los cómplices de dichas medidas.

Cuando en 1996 el PP ganó las elecciones necesitaban que se produjera una recuperación económica para poder cumplir su agresivo programa electoral. Había que conseguir que el paro bajara y que la economía resurgiera tras la crisis del 93. Por otro lado estaban los acuerdos de Maastricht y España tenía que estar en el Euro. Fue una gran oportunidad de generar empleo en España, de modular el modelo productivo hacia el sector industrial y el sector servicios. Pero no, no hicieron eso. Se lanzaron a conseguir resultados rápidos y sólo había un sector que podía dárselos: la construcción. Se modificaron leyes de suelo, se dieron facilidades a empresarios. Los bancos, aprovechando los bajos tipos de interés, se lanzaron a campañas agresivas de captación de clientes con las hipotecas. Es decir, se dieron las condiciones para el desarrollo de un sector que mueve mucho dinero, pero que también puede generar muchos puestos de trabajos directos e indirectos. La gente empezó a ganar mucho dinero y se empezó con la especulación salvaje, tanto a nivel particular y empresarial como a nivel político. Los ayuntamientos estaban deseando que llegaran tiburones a los despachos de los alcaldes para realizar planes de urbanismo, generando redes corruptas y haciendo ricos a muchos. Bajó el paro hasta casi el pleno empleo y los dirigentes del PP se regodeaban con los datos macroeconómicos. España crecía a una velocidad de crucero superior a Alemania o Francia. Sin embargo, esta situación creó una burbuja que nadie parecía querer que dejara de crecer. Empresarios dejaban sus actividades tradicionales y se metían a constructores. El sector bancario daba hipotecas al 120% del valor de tasación, valor inflado por las propias empresas tasadoras por recomendación de las propias entidades. Los créditos tanto a constructores, como a promotores, como a particulares los concedían los propios directores de oficina simplemente presentando una nómina y sin pasar por los departamentos de análisis de riesgo. Incluso los modos de remuneración de los trabajadores de las sucursales cambiaron hacia la incentivación por el cumplimiento de objetivos, y entre esos objetivos estaba la concesión de hipotecas. Estábamos en el país de Jauja, vivíamos como dios, y todo el mundo tenía su recompensa porque el consumo crecía y crecía. Incluso necesitamos importar mano de obra extranjera porque España no tenía suficientes trabajadores para cubrir todos los puestos de trabajo necesarios para tal orgía. El precio de la vivienda se disparó, pero se seguía construyendo porque había mucha demanda. Las familias se endeudaron para tener un piso con créditos que superaban el 40% de la renta familiar. Los salarios en algunos sectores se dispararon de manera absurda. Un albañil en España cobraba más que un Director Ejecutivo y muchos jóvenes dejaron sus estudios para irse a la construcción y ganar dinero. Las ventas de coches de gama alta se marcharon a índices superiores a los países de la Península Arábiga. Una orgía de dinero fluía en España y nadie se decidió a parar los pies a las barbaridades que se estaban cometiendo. Y algo inédito, había más inmobiliarias que bares.

En esta burbuja basó el PP el crecimiento de España. Todos los analistas indicaban que ese ritmo de crecimiento basado en la construcción tenía que reventar. Los avisos desde los mercados eran constantes. Y nadie hizo caso.

AQUÍ SE ENCUENTRA LA HERENCIA RECIBIDA.

En esto se produjo un cambio de gobierno. La burbuja seguía comiéndose la economía española. Se seguía creando empleo, los bancos seguían dando créditos a mansalva y España seguía creciendo.

El gobierno de José Luis Rodríguez Zapatero se encontró con una situación en la que pudo realizar un cambio en el modelo productivo: reducir la construcción y dedicar ese superávit a generar un impulso en el sector industrial que no iba a dar un crecimiento tan espectacular, pero que iba a crear empleos estables y no dependientes de la especulación. Sin embargo, no se tomaron las medidas adecuadas. El cambio en el ministerio de Economía fue nefasto para el gobierno de Rodríguez Zapatero. Elena Salgado no era la persona adecuada para manejar lo que se le venía encima con la explosión de la burbuja inmobiliaria. No supo tomar medidas a tiempo y equivocó el rumbo confundiendo gasto con inversión. Y nos encontramos con un país en recesión destruyendo empleo, destruyendo empresas, con el sector financiero tambaleándose por sus desmanes en la construcción.

La construcción hizo más daño que beneficio en España y el boom salvaje de la construcción permitido por el Partido Popular es la causa de la situación que tenemos actualmente. Y si a todo esto tenemos un gobierno que no sabe manejar la situación y se convierte en títere de la Comisión Europea, está claro que no vamos a salir de esta crisis. La incompetencia de Rajoy con su propia herencia está llevando a la economía real a la destrucción. Se siguen destruyendo empleos y cerrándose muchas empresas. Reformas como las que está tomando el Partido Popular son el inicio de un suicidio colectivo por la aplicación de las teorías económicas neoliberales que ya se ha demostrado en muchos países que son un fracaso. La herencia que ha recibido el gobierno de Rajoy es la que le dejó José María Aznar, que no lo olvide nadie.

Las consecuencias de estas políticas económicas del pasado las conocemos hoy. La caída de la construcción por el pinchazo de la burbuja destruyó más de 3 millones de puestos de trabajo, tanto directos como indirectos, lo que ha provocado que se produzca un efecto dominó sobre el resto de sectores que nos ha llevado al 26% de tasa de desempleo, hecho este que es la causa del deterioro de la situación económica real, no la macroeconómica que, al parecer, está repuntando.

Las políticas económicas del gobierno de Mariano Rajoy están basadas en la implementación directa de las teorías neoliberales. Todo está pensado para arreglar la delicada situación española desde la macroeconomía, lo cual es contrario a los intereses directos de los ciudadanos. Cuando la macro tiene datos positivos tras una crisis/recesión tarda al menos media década en repercutir en la economía real de los ciudadanos, y lo estamos viendo y sufriendo en nuestras carnes.

Mariano Rajoy ha entregado la soberanía económica a entidades supranacionales como las agencias de calificación, el FMI, la OCDE o la Comisión Europea. Otras experiencias de esta intromisión de las entidades anteriormente citadas han llevado a la ruina absoluta a los países que cedieron ante sus presiones. El ejemplo lo encontramos en los países sudamericanos. Durante la década de los 90 y del inicio de la del 2000 estos países priorizaban el pago de los intereses de la deuda soberana frente a las verdaderas necesidades de los ciudadanos. Esta priorización se reflejaba en políticas de austeridad que consiguieron llevar a la pobreza, a la eliminación de las clases medias y al colapso económico. Hubo algún caso en el que el montante del total de los intereses de la deuda superaba el total del PIB tras la caída de ingresos por el descenso de la recaudación. Estos países se plantaron ante el FMI y se negaron a pagar más intereses de deuda hasta que resolvieran los graves problemas a los que la austeridad económica. Esta valentía por parte de dirigentes más interesados en el bienestar de sus ciudadanos que ante los intereses de los grandes centros de poder económico hizo que se realizaran grandes quitas y condonación de gran parte de la deuda soberana. Actualmente estos países se encuentran en un desarrollo económico que ha llevado a algunos de ellos a convertirse en verdaderas potencias sin tener que recurrir a masacrar a su pueblo.

En la España de Rajoy está ocurriendo algo parecido. Sin embargo existe una diferencia respecto a los líderes sudamericanos: Mariano Rajoy no ha plantado cara a estas injerencias externas, sino que se ha sometido a ellas y esa sumisión ha llevado al encarnizamiento de las *peticiones* que se hacen desde estas instituciones, peticiones encaminadas a favorecer a los centros de poder económico, a los mercados especulativos y a las grandes fortunas.

La crisis de deuda soberana que se produjo en la Zona Euro tras el escándalo de las hipotecas subprime y la caída de Lehmann Brothers afectó especialmente a los países del sur de Europa, algunos de los cuales tuvieron que ser rescatados económicamente por la UE. Estos rescates iban acompañados de durísimas condiciones que afectaban directamente en los ciudadanos. La principal de las condiciones era la contención del gasto público, tal como indica la teoría económica neoliberal, con el fin de destinar ese dinero *ahorrado* para el pago de esa deuda contraída con la Troika. Los resultados de esta política de austeridad ha llevado a situaciones de emergencia nacional a países como Grecia, Portugal, Irlanda y España, las naciones que, casualmente, han recibido ayuda económica por parte de la UE. Lo más sangrante es que viendo los destrozos que han realizado en las cuatro naciones anteriormente citadas la Troika sigue pidiendo más y más ajustes, más y más recortes del gasto público. Estos recortes se sustancian en un hecho que en muchos análisis pasa desapercibido: casa euro que se recorta del gasto público, cada euro dedicado a cumplir los objetivos de déficit es un euro que el Estado roba a sus ciudadanos con un fin distinto al que debería estar destinado. Cada euro que se recorta de los presupuestos sociales va destinado a pagar unos intereses que benefician a la banca y a los poderes económicos pero que perjudican gravemente al interés general del pueblo que, al fin y al cabo, es quien tiene la soberanía popular.

Según este planteamiento las políticas económicas de austeridad impuestas por Mariano Rajoy están hurtando a los ciudadanos lo que les pertenece por derecho, por tanto, el Partido Popular gobernando para cumplir unos objetivos de déficit público impuestos por instituciones no democráticas y no elegidas por el pueblo español está robando a los españoles no sólo su presente sino también su futuro, está robando a los españoles lo que por derecho les corresponde, es decir, que cada euro que aportan al Estado sea destinado a lo que realmente interesa a quienes sostienen la maquinaria estatal.

Los defensores de la austeridad a ultranza ponen siempre como ejemplo la situación de Alemania tras la unificación. Sin embargo no es comparable a la situación de los países del sur de Europa y de Irlanda. Alemania tiene un tejido industrial tan potente que puede absorber políticas de austeridad presupuestaria sin necesidad de que afecten directamente a las condiciones de vida de los ciudadanos. En los países del sur no existe ese tejido industrial. De ahí que las políticas de austeridad están provocando los mismos efectos que produjeron en los países sudamericanos que se mantuvieron sumisos a las instituciones supranacionales y sus *recomendaciones*: gracias a las políticas económicas de austeridad impuestas por

Bruselas y la Troika estos países, entre los que se encuentra España, van camino hacia el subdesarrollo.

¿A quién beneficia esta política económica? Es evidente que al pueblo le perjudica. La austeridad aleja la inversión necesaria que genere empleo. La austeridad crea pobreza. La austeridad es el inicio de la miseria. Entonces, ¿a quién beneficia? A los grandes centros de poder.

La política económica del gobierno del Partido Popular está orientada a beneficiar a estos grandes centros de poder económico olvidándose de los ciudadanos. España solicitó en junio de 2012 un rescate para salvar al sector bancario. La Unión Europea puso a disposición del Reino de España una línea de crédito de 100.000 millones de euros, un 10% del PIB español, para salvar al sector financiero, a la banca heredada de las Cajas de Ahorro, sobre todo. Desde el gobierno se utilizaron todos los eufemismos posibles para no utilizar lo que realmente era: un rescate. Se dijo que no iba a tener contraprestaciones y días después se supo que había un memorando donde quienes nos prestaban el dinero nos ponían sus condiciones. Dicho de otra manera, el gobierno español vendía nuestra política económica para salvar a la banca, la misma banca cuya actitud y su estrategia empresarial fue una de las causas de la crisis actual. El gobierno salvó a quienes son parte fundamental del problema. Se dijo que el rescate no afectaría a los objetivos de déficit marcados por Bruselas porque esa deuda debería achacarse a las cuentas de las entidades rescatadas. Días después la propia Comisión Europea afirmó que ese rescate a la banca sí que debía incluirse dentro del debe del Estado español, por lo que el déficit aumentaba. Dicho de otro modo, los recortes iban a incrementarse debido a un rescate que sólo iba a beneficiar a los bancos, a los mismos bancos que expulsan de sus hogares a las familias que son víctimas de su propia lujuria de dinero. Se dijo que el rescate no iba a costar ni un solo euro a los españoles, que el Estado no iba a pagar ni un solo euro del rescate de los bancos. Pasado un tiempo nos hemos enterado que ya son cerca de los 20.000 millones de euros que el propio gobierno da por perdidos y que vamos a tener que pagar usted y yo.

El rescate a la banca se convirtió en una prioridad. Se puso la excusa de que gracias a este rescate haría fluir el crédito para familias y PYMES y, como consecuencia de ello, se reactivaría la economía. A día de hoy el crédito no está fluyendo, las empresas se siguen cerrando, el paro sigue aumentando y la economía real, no la macroeconomía, está a niveles de países en vías de desarrollo. Apostar por el rescate a la banca en vez de invertir los recursos en el rescate de las personas ha traído consecuencias graves para éstas por las condiciones impuestas por Bruselas: más recortes, más copagos, menos inversión estatal para políticas activas de empleo, más desigualdad, más pobreza, más hambre.

El Partido Popular llegó al poder con el único fin de implantar un sistema neoliberal, de imponer su ideología económica basada en la generación de una mayor desigualdad entre los ciudadanos con el fin de crear ciudadanos sumisos ante los abusos del poder. La crisis económica provocada por ellos mismos al implantar las medidas que favorecieron la burbuja inmobiliaria y por aquellos que les sustentan en el poder, como la banca o los mercados especulativos, les daban una coartada perfecta para que, además de destrozar el Estado del Bienestar y de derogar los derechos que tanto costó conquistar, pasaran como los salvadores de la Patria y ser ensalzados por ese pueblo sumiso. La política económica de Mariano Rajoy hace que desde el Estado se está perpetrando un robo a los ciudadanos. Cada recorte encaminado hacia el pago de una deuda ilegítima y el cumplimiento de un déficit creado por los desmanes derivados del despilfarro derivado de la falsa prosperidad generada por la orgía de la burbuja inmobiliaria es un modo de estafar a los españoles al priorizar las necesidades de los mercados especulativos sobre las verdaderas necesidades del pueblo. Cada partida económica que se retira de los servicios fundamentales que un Estado democrático tiene que ofrecer a sus ciudadanos para alcanzar un objetivo de déficit impuesto por entidades externas a la soberanía económica del Reino de España es un modo de hurtar lo que desde el Poder Ejecutivo debe darse porque lo tienen reconocido en la Constitución de 1978 y en la Carta de los Derechos Humanos. Por tanto, la política económica neoliberal es contraria a los Derechos Humanos. Por tanto, el gobierno de Mariano Rajoy está imponiendo una política que va en contra de los derechos que cualquier ser humano tiene reconocidos. Lo mismo que ocurriría en cualquier gobierno totalitario.

¿Por qué hay que recortar el gasto en España cuando el verdadero problema en España es otro? La respuesta es muy sencilla. Cualquier actuación a resolver el verdadero problema de la economía española iría en contra de aquellos a los que el Partido Popular protege: grandes empresas y grandes fortunas. El problema más grave que tiene la economía de este país es la recaudación, no el gasto. Según datos publicados por Gestha, la economía sumergida supone casi un 25% del PIB, es decir, más de 250.000 millones de euros que el Estado deja de percibir. Los mayores defraudadores son las grandes empresas y las grandes fortunas, como ya he dicho anteriormente. Sin embargo, el gobierno ultraconservador español lanza sus redes contra aquellos más indefensos, contra los autónomos que hacen algún trabajo sin facturar o contra los parados que se han quedado sin prestación alguna o sólo con los 426 euros del Plan Prepara y necesitan ese dinero no declarado para sobrevivir. A los grandes defraudadores ni se les chista y, si algún técnico de Hacienda se le ocurre hacerlo, el estilo del Partido Popular es destituirle de su cargo, como ya ocurrió con el expediente a la cementera mexicana CEMEX. ¿Por qué en España no se ataja o se aplican medidas para acabar con esta economía sumergida? Porque se protege a los afectos, por un lado, y se compra la paz social, por otro. Con esa mano ancha el Partido Popular está comprando la paz social porque si se hiciera frente en serio al fraude fiscal, tanto al gran fraude como al pequeño, millones de familias se quedarían sin sus recursos económicos y los índices de pobreza extrema se dispararían. Esto haría que la gente que ahora recibe los golpes de este gobierno mezquino se echaría a la calle a pedir lo que es suyo. Respecto a los grandes defraudadores, ocurriría lo mismo, dado que evitar que las grandes empresas pagaran lo que tienen que pagar provocaría un mayor desempleo y más miseria de la que ya hay.

¿Quién no ha pagado un pequeño trabajo en el hogar sin factura? Como dicen los Evangelios, «quien esté libre de pecado, que tire la primera piedra». Evidentemente, el no pagar los impuestos indirectos que gravan esa pequeña chapuza abarata el coste, pero es una irresponsabilidad y un fraude. Sin embargo, es un fraude comprensible. Con la bajada de salarios que ha promovido este gobierno basándose en una falsa competitividad de las empresas españolas es lógico que busquemos abaratar nuestros costes diarios. En una economía familiar en la que la avería de la lavadora supone un drama porque descabalga un presupuesto que tiene analizados hasta los últimos céntimos es normal que se busque el modo en que esa tragedia económica impacte menos en la economía de supervivencia a la que nos está abocando la política económica que ha impuesto el Partido Popular.

Lo que ya no es tan lógico es la actitud de las grandes empresas y las grandes fortunas. Hay una máxima que dice que los ricos lo son porque no pagan casi impuestos. Ellos se pueden permitir pagar a los grandes bufetes de abogados fiscalistas que bordeen constantemente las delgadas lindes entre el fraude y la ingeniería financiera. En las grandes empresas ocurre lo mismo. En un mundo en crisis económica donde la facturación bruta ha caído, los consejos de administración de estas grandes corporaciones buscan el modo en que sus beneficios netos no caigan. Lo hacen a través de la opresión a los trabajadores con despidos y bajadas salariales salvajes, y por medio del fraude fiscal.

¿Cómo es posible que el gobierno no ataque un problema que supone un impacto de 28 puntos de PIB? Cualquier gobierno serio buscaría el modo de combatirlo. Sin embargo, el Ejecutivo de Mariano Rajoy no hace nada. Es el precio que tiene que pagar para que las calles españolas no se conviertan en algo similar a las calles de Kiev.

España es un país donde somos unos irresponsables en lo referente a la recaudación del Estado. La picaresca española se ve acentuada en lo referido al pago de los impuestos. Esa irresponsabilidad hace que el gobierno de turno tenga que subir impuestos para no bajar la recaudación. Con esto no estoy justificando las políticas del Partido Popular, para nada. Sobre todo teniendo en cuenta que todas las medidas tomadas por Mariano Rajoy y por sus adláteres económicos son injustas y atacan a los mismos, a los trabajadores, a los parados y a las víctimas de sus políticas. Sin embargo, el hecho de que un 28% de la economía española se escape a la Agencia Tributaria es una irresponsabilidad. Estamos hablando de 287.000 millones de euros, cantidad que hubiera hecho que el Estado del Bienestar no se hubiera resentido después de los ataques frontales por parte del Partido Popular.

Es imposible que toda la economía sumergida salga a la luz. Lo hemos visto con la amnistía fiscal de Montoro que apenas sacó a la luz un 10% de lo no declarado. Mariano Rajoy no mueve un dedo. Sus ministros tampoco. Sin embargo, desde el aparato de propaganda del gobierno y de los medios de comunicación mamporreros que lo sustentan, se lanza el ataque hacia el pequeño autónomo y hacia el pequeño fraude. Voy a dar unas cifras que harán pensar a quienes piensan que la economía sumergida la provocan esos pequeños autónomos. Más del 70% del fraude fiscal viene de las grandes empresas o de las grandes fortunas. Lo dicho, los ricos lo son por algo. Las PYMES suponen un 17,05% y los autónomos apenas un 8,5%. Los fraudes no empresariales apenan suponen un 3%. Entonces, ¿quiénes son los responsables de la elevada economía sumergida? Las grandes empresas y las grandes fortunas, es decir, los grandes protegidos por Mariano Rajoy y su partido.

El precio que Mariano Rajoy está pagando por mantener la paz social es más alto que esos 33.000 millones de euros que supone el fraude de pequeños autónomos y de los no empresariales. El precio que Mariano Rajoy está pagando por mantener la paz social está abogando por la impunidad hacia quienes deberían ser el sostén económico de un país en crisis y con un 26% de parados y un 8% de la población en situación de pobreza extrema, sobre todo porque esas grandes fortunas y esas grandes empresas son corresponsables en la generación de esta crisis al pasar del capitalismo de producción al capitalismo de especulación salvaje. ¿A quién debería Mariano Rajoy apretar para que paguen impuestos? Evidentemente a quienes defraudan más 200.000 millones de euros al año. No obstante, Mariano Rajoy no moverá un dedo para que esto ocurra, sino que apretará a los pequeños autónomos o a quienes sin tener trabajo realizan pequeños trabajos a domicilio.

La política económica neoliberal del Partido Popular es la que está llevando a España a su destrucción. Sus impulsos les llevan a favorecer a los favorecidos mientras que a quienes son las verdaderas víctimas de esas políticas las dejan en la cuneta. No se puede tener un esquema económico basado en la recuperación de la macroeconomía que desprecie del modo en que lo está haciendo a la economía real de la calle. Por eso los ciudadanos estamos como estamos, mientras que los otros intentarán perpetuar hasta el límite esa situación que tantos beneficios les está reportando.

VI

POLÍTICAS DE EMPLEO

España es un país cuyo problema más grave es el empleo. Así lo perciben los españoles desde que estalló la crisis y, sobre todo, desde que el Partido Popular impuso una Reforma Laboral que está demostrando que su único fin era el de destruir empleo y no crearlo.

Los datos de la EPA muestran que el número de desempleados en España se va incrementando, que el número de cotizantes a la Seguridad Social está cayendo de un modo alarmante, que el número de empresas que están cerrando es alarmante, que la población activa está cayendo en España. No me refiero a los datos del paro registrado, puesto que son datos que no muestran la realidad del país, ya que sólo enseñan el número de personas que se han inscrito las oficinas del INEM y deja de lado a aquellos ciudadanos que pierden su subsidio de desempleo y no renuevan su demanda de empleo o aquellos que no se inscriben porque ya la toalla o aquellos que se marcharon exiliados al extranjero por culpa de un gobierno que no garantiza un puesto de trabajo digno a sus gobernados.

España está en unos niveles de desempleo que superan el 25% de la población activa. Cuando Mariano Rajoy llegó al poder la tasa de desempleo estaba en el 21% y estábamos en una situación límite. Ahora con tasas superiores la situación es casi idílica, tal y como afirmó el presidente de gobierno en el Debate sobre el Estado de la Nación con un discurso inflamado de autobombo y de propaganda.

El gobierno de Rajoy y por extensión del Partido Popular ha activado multitud de reformas desde que ganó las elecciones pero ninguna, repito, ninguna, son políticas para la creación de empleo. Más bien todo lo contrario ya que dichas medidas son un incentivo maravilloso para los empresarios para destruir empleos y no reducir sus beneficios.

El modelo productivo de España que impulsó el Partido Popular cuando gobernaba José María Aznar fue el principal inductor a la destrucción de empleo a medio-largo plazo, ya que se ponderó al sector de la construcción por encima del sector industrial o del sector servicios, además de abandonar al sector primario. En ese momento España necesitaba un impulso económico para no quedar en el vagón de cola de Europa y ese gobierno se puso manos a la obra modificando leyes de suelo, dejando en manos de especuladores el crecimiento de la economía y generando cientos de miles de puestos de trabajo pero a un precio muy elevado. Muchos empresarios dejaron su actividad tradicional para centrarse en la construcción y la especulación inmobiliaria y se produjo una apertura indiscriminada de inmobiliarias. Mucho dinero empezó a circular, tanto negro como blanco, pero por otro lado se empezaban a perder oportunidades productivas en otros sectores. El dinero iba a la construcción y no reforzaba sectores más estables en su generación de riqueza.

Empezó a funcionar la palabra internacionalización en los foros empresariales, pero los empresarios decidieron transformarla en deslocalización de actividades hacia países emergentes tanto de Asia como del centro y Este de Europa para conseguir unos mayores beneficios a costa de los puestos de trabajo de aquí.

La burbuja inmobiliaria estalló, por un lado por la falta de previsión y de proactividad del gobierno de Rodríguez Zapatero y por otro por la negativa a los empresarios a dejar un negocio que tanto dinero les había dado. La economía española empezó a decrecer en un primer momento hasta llegar a la recesión. Con la destrucción del filón de la construcción millones de empleos se perdieron y millones de empresas se vieron abocadas al cierre. La construcción no es sólo el grupo de albañiles que construyen un edificio, sino que es un monstruo con muchos tentáculos: proveedores de materiales, especialistas, instaladores, promotores, constructores, vendedores y un largo etc. Todo el dinero que fluía por la construcción dejó de fluir, por lo que también afectó a otros sectores: automoción, servicios, comercio, etc. Y mientras esto ocurría se continuaban deslocalizando fábricas y puestos de trabajo.

Pondremos como ejemplo el sector de la Atención al Cliente o Contact Center. Las grandes compañías en España tienen deslocalizada un 80% de su actividad en países de Hispanoamérica o del norte de África. Una compañía de telefonía, para cubrir sus necesidades de atención telefónica a sus clientes precisa, actualmente, de más de 6000 puestos de teleoperación, sin contar con los puestos dedicados a actividades comerciales. Si multiplicamos estos puestos por 2,3, que es el número de turnos que se realizan por puesto tenemos un total de 13800 puestos de trabajo, de los cuales está deslocalizado un 80%.

Si el gobierno de Rajoy hiciera como se ha hecho en otros países europeos y obligara a que los servicios de atención al cliente de las empresas que operan en

España se ejecuten aquí se recuperarían cerca de 300.000 puestos de trabajo.

En el sector industrial ocurre lo mismo y ahí el impacto es mayor dado que se absorberían puestos de trabajo que podrían ejecutar aquellas personas que en un momento se dedicaron a la construcción y que actualmente no encuentran salidas, además de ser el mayor número de parados de larga duración. Las empresas españolas han deslocalizado cerca de 1.000.000 puestos de trabajo en países emergentes y del Este de Europa que se podrían implementar aquí si el gobierno pusiera las medidas adecuadas e incentivara a las empresas a que retornaran sus actividades.

En el sector servicios, aunque no lo parezca, también están deslocalizadas actividades, aunque no de modo tan exagerado y se calcula que son «apenas» 50.000 puestos de trabajo que inciden en España y que se ejecutan desde países de Hispanoamérica o India. Tales puestos están referidos a servicios contables, servicios de consultoría o a servicios informáticos.

En el sector primario estamos a cero, prácticamente. La agricultura y la ganadería española está abandonada y ahí sí que hay un nicho importante siempre que el gobierno de Rajoy lo quisiera incentivar dando a los productores sistemas por los cuales estas actividades sean atractivas, tanto a nivel del trabajador como del empresario.

Ante esta perspectiva nos encontramos con que 1.500.000 de puestos de trabajo que se podrían estar realizando en España se ejecutan fuera del país. Con esta cantidad de puestos de trabajo el Estado se ahorra una cantidad cercana a 1.500 millones de euros mensuales en prestaciones de desempleo y la Seguridad Social recaudaría una cantidad aproximada de 700 millones mensuales. Con estas cantidades el Estado no tendría que recortar derechos a la población y crearía una tendencia al crecimiento económico. Entre ahorro y recaudación se superarían los 3.000 millones de euros mensuales.

Sin embargo, no se está haciendo nada de esto. Sólo se mantienen políticas de recorte y de austeridad cuando la solución está ahí. Si trayendo a España lo que está fuera se puede eliminar casi la mitad de los empleos perdidos, ¿por qué no pone el gobierno de Rajoy los medios para que esto sea así? Se trata de soluciones que se pueden aplicar en el corto plazo y que con ayuda institucional los empresarios se pondrían a ello.

Como vemos, hay una prioridad para los ciudadanos que para el gobierno de Mariano Rajoy no es prioritaria. No hay políticas de empleo y el desempleo es la verdadera realidad de la Marca España.

Está claro que el mayor problema o preocupación de los españoles en la actualidad es el desempleo y la imposibilidad de encontrar un nuevo trabajo una vez que se ha perdido el que se tenía. Desde que se inició la crisis, España se ha convertido en el líder europeo, cuando no mundial, en destrucción de empleo, tanto cualificado como no cualificado, tanto estable como no estable, tanto excelso como basura. En este país cuando nos ponemos a algo lo hacemos a modo y por eso España es el campeón en trituración de puestos de trabajo. Yo me hago una pregunta: cuando salen los datos de paro registrado en el INEM o la Encuesta de Población Activa, ¿qué ocurre en el Ministerio de (Des)Empleo de Fátima Báñez? ¿Ponen por megafonía el *We are the Champions* de Queen y lanzan confeti y guirnaldas como cuando un equipo de fútbol gana la Champions League? Dejando la ironía de lado, la verdadera cuestión que me hago es si no hay soluciones o es que no las quieren encontrar. La sensación que da el gobierno de Rajoy es que no quieren que este problema se resuelva. Su prioridad es otra y lo ha dicho el Presidente, la Vicepresidenta, el Ministro de Economía, el Ministro de Hacienda, la Ministra de (Des)Empleo. No, perdón, Fátima Báñez no ha dicho nada porque no habla salvo para decir cosas incongruentes como que le ha pedido la solución a la Virgen del Rocío. La prioridad del Gobierno del Partido Popular es la reducción del déficit público, por encima de lo que sea, que luego hay que pasar cuentas a Angela Merkel y si el déficit no baja les regañará.

Revisando los datos del desempleo de países europeos, Japón y USA, España se encuentra en segundo lugar en tasa de desempleo sólo superada por Grecia, un país destrozado por las imposiciones de la Troika. Pero que los griegos se anden con cuidado que en los próximos meses, gracias a las medidas tomadas por el Partido Popular, les superaremos y seremos líderes en algo, trágico, pero líderes. Duplicamos desempleo de países como Lituania o Bulgaria y casi lo triplicamos respecto a Polonia, Estonia, Eslovenia o Turquía. Casi tenemos cinco veces más desempleo de «potencias económicas» como Rumanía o la República Checa. Respecto a países que se podrían equiparar en desarrollo a España, superamos el doble de tasa de desempleo respecto a Italia, triplicamos la de Francia, Suecia, Estados Unidos o Reino Unido, cuadruplicamos a Holanda, quintuplicamos a Alemania y sextuplicamos a Japón. La situación es insostenible, pero lo peor de todo es que no hay medidas adecuadas para frenar la sangría.

El Partido Popular llegó al Gobierno prometiendo empleo para todo el mundo. Ellos eran los salvadores de España y de los españoles. Ellos nos iban a sacar de la crisis apenas Rajoy fuera investido, ya que ellos ya lo hicieron cuando gobernaron con Aznar. ¿Por qué no lo iban a hacer de nuevo? El problema que se encontraron fue una situación totalmente distinta, una situación de recesión económica, un sistema bancario ahogado por las deudas contraídas con entidades extranjeras o con el BCE durante la burbuja inmobiliaria y una tendencia de crecimiento del desempleo provocado por la sangría de trabajadores del sector construcción y sectores satélites a ésta. Ya no había construcción para poder crear un crecimiento de la contratación en corto plazo. El PP se encontró con las consecuencias del monstruo que crearon Aznar y su gobierno desde 1996.

Por otro lado tenían la presión de la Troika para ejecutar recortes en base al cumplimiento del déficit público. Rajoy lo que hizo fue lo que a nivel de calle se llama *bajada de pantalones*. Dejó de lado la soberanía y la independencia de España en manos de Alemania y la Troika. Hizo lo que le decían que tenía que hacer porque él y su gobierno no conocen ningún tipo de medida para acabar con el desempleo en España que no sea el ladrillo y la especulación. Le pidieron una reforma laboral para rebajar costes y flexibilizar el mercado laboral y la hicieron.

La consecuencia de esta Reforma Laboral ha sido un incremento del paro hasta superar la barrera de los **seis millones** de desempleados según la EPA y los casi **cinco millones** según el INEM. Estos datos son para vanagloriarse y para estar contentos, tal y como no paran de ensalzar Rajoy, De Guindos, Montoro o Báñez con su frase de argumentario *«ya se ven los efectos de la Reforma Laboral»*. La verdad es que estos datos son para que un Gobierno serio dimitiera y convocara elecciones para dejar paso a otras personas u otros partidos más capaces que Rajoy y sus ministros.

Ante esta situación el Partido Popular creó esa Reforma Laboral, legalizando el despido libre y la posibilidad de los empresarios de eliminar puestos de trabajo en base a pérdidas futuras, pérdidas que, como se está demostrando en algunos casos, no perjudica los márgenes de beneficios de empresas que han realizado EREs o ERTEs. No hay soluciones, no hay medidas para generar empleos. Nada por parte del Partido Popular porque la prioridad es el cumplimiento de los objetivos de déficit público marcados por la Troika. Es decir, que la prioridad del Partido Popular no es el bienestar de los españoles, sino quedar bien con Merkel, Bruselas y el FMI.

No obstante, para el Partido Popular las únicas causas de que en España se destruyan tantos empleos son la recesión económica, la herencia recibida y la inestabilidad de los mercados. Ellos quedan libres de pecado.

El crecimiento del desempleo está provocando que el Gobierno de Mariano Rajoy presente a los españoles una serie de medidas para la creación de empleo. Sin embargo, ninguna viene con beneficios a las empresas para la contratación de personas desempleadas, sino que priorizan o ponen en valor el *emprendimiento,* la creación de empresas. En resumidas cuentas, que Rajoy y Báñez nos lanzan el mensaje de ***buscaros la vida***, sed vosotros quienes creéis vuestro propio empleo porque el Gobierno es **incapaz** de generar estrategias conjuntamente con empresarios y sindicatos.

Sed emprendedores, cread vuestra propia empresa para también crear empleos. Esta es la estrategia. Pero, ¿cómo una persona parada va a crear una empresa si no tiene recursos? Para crear una empresa hay que invertir una cantidad inicial, tanto para gastos administrativos (capital social) y para recursos (local/oficina, materiales, servicios, etc.). Quien haya creado una empresa sabe que, tras la inversión inicial, una empresa no es rentable hasta pasado, por lo menos, año y medio o dos años, donde hay que asumir pérdidas iniciales. Esto en una situación económica normal. Para poder crear empleo un empresario tiene que facturar lo suficiente como para poder pagar salarios. El Partido Popular y sus medidas de ajuste, sus subidas de impuestos y sus recortes han provocado que el consumo caiga a niveles de un país subdesarrollado. No hay consumo, por lo que las nuevas empresas no van a facturar lo suficiente, no sólo para crear empleo, sino para su propia subsistencia.

Tenemos una situación económica en la que los bancos han cerrado el grifo crediticio para utilizar capital para regularizar sus cuentas tras los desmanes de la época de la burbuja inmobiliaria. Desde el Gobierno no hay medidas, subvenciones, créditos blandos, mediación pública ante las entidades financieras para que se financien las inversiones, incluso, como ha ocurrido en otros países, créditos a fondo perdido. Entonces, ¿cómo se van a crear empresas o los parados van a tomar el camino del autoempleo si, precisamente, esos parados no disponen de recursos para hacer frente a esas inversiones? ¿Pretende el Gobierno que los propios parados se autofinancien con los recursos de la familia o los de su propia situación de angustia económica?

Desde el gobierno se dijo que a los nuevos empresarios se les daba la posibilidad de que el capital social se aporte pasados seis meses desde la creación de la empresa y que durante esos meses sólo pagarán 50 euros de aportación como autónomo. Esto no es solución porque en 6 meses no da tiempo a que se facture lo suficiente para aportar ese capital. ¿Es que no hay nadie en el Partido Popular que no vea esta realidad? ¿Báñez no tiene entre esos asesores nombrados a dedo y con salarios de directivo nadie con la suficiente preparación para encontrar soluciones o para generar estrategias cuando cualquier ciudadano con cierta experiencia en gestionar recursos podría crear planes para generar más de medio millón de empleos en apenas 6 meses sin recurrir al emprendimiento? Debe ser que esos asesores no asesoran bien a una ministra que debería tenerlos a pleno rendimiento para salir de la situación actual en vez de esperar a que la Virgen del Rocío venga a Madrid con un Plan de Creación de Empleo.

Hace ya más de dos años de la imposición por parte del Partido Popular de su Reforma Laboral, la que fue redactada con las reivindicaciones de la CEOE y sin ningún tipo de negociación con los representantes de los trabajadores. El tiempo ha demostrado que ha sido un fracaso total. Ninguno de los objetivos con los que fue presentada por parte de la ministra de (Des)

Empleo ha sido cumplido, sino que ha tenido el efecto contrario: destrucción de empleo, destrucción de derechos de los trabajadores, destrucción de la negociación colectiva. ¿El efecto contrario o el efecto deseado? El gobierno afirmó que se buscaba la «flexibilidad interna» para que el despido fuera la última opción de las empresas a la hora de tomar decisiones cuando la situación de la corporación fuera insostenible o tuviera pérdidas. La Reforma Laboral ha provocado que el despido sea la primera solución que toman las empresas gracias al abaratamiento del mismo impuesta por el PP. Han aumentado el número de despidos, se ha incrementado el empleo eventual y precario, se han deteriorado gravemente las condiciones laborales de los trabajadores llevándolas hasta las que podría haber en los primeros años del siglo XX, se han reducido los salarios a niveles de hace 15 años.

Ante la realidad de la situación extrema que ha generado la Reforma Laboral el gobierno de Mariano Rajoy se ha felicitado porque, según ellos, se está consiguiendo el objetivo de esta reforma: la destrucción de empleo. No obstante, no han presentado ningún tipo de dato que avale esa afirmación. Tal vez el objetivo fuera otro y no se atreven a decirlo abiertamente.

Las consecuencias están siendo nefastas para los trabajadores y para la economía real, es decir, para los referentes que desprecia Mariano Rajoy tan centrado como está en salvar la macroeconomía. La Reforma Laboral ha incrementado significativamente el poder unilateral del empresario frente a la negociación colectiva. El empresario puede modificar las condiciones laborales del trabajador, reducir su jornada, modificar la tipología de su contrato, reducir su salario sin ningún tipo de negociación con los representantes de los trabajadores. A esto se añade la posibilidad de descuelgue de las condiciones marcadas en los Convenios Colectivos. Por otro lado, los trabajadores han perdido derechos. En primer lugar se ha reducido la protección que suponía la indemnización por despido improcedente de 45 a 20 días por año trabajado y con una limitación en el número de mensualidades a percibir, además de la supresión de lo que se llamaba *salario de tramitación* cuando el trabajador llevaba ante los tribunales a la empresa para reclamar una indemnización justa o la resolución judicial de nulidad del despido. Con esta última medida el Partido Popular deja indefensos a los trabajadores ante los patronos y desincentiva la denuncia de los atropellos y abusos de empresarios esclavistas. Relacionado con el apartado del abaratamiento del despido encontramos la figura del contrato indefinido en el programa de apoyo a nuevos emprendedores, donde se permite que el empresario disponga de un año de prueba para los trabajadores que contrate. ¿No creen ustedes que es un modo de incentivar y legalizar el despido libre? Otro modo de potenciar el despido es la desregulación de los ERE's o de los ERTE's, permitiendo que las empresas los apliquen sin necesidad de una autorización administrativa, como ocurría antes de la imposición de la Reforma Laboral. Todos estos factores, al igual que las diferentes *«vueltas de tuerca»* que ha ido dando el gobierno a medida que se las pedía cualquiera de las instituciones supranacionales a las que se han sometido.

La Reforma Laboral de Mariano Rajoy no ha frenado la destrucción de empleo, tal y como pretendían según lo que se deduce de sus palabras, a pesar de que las sospechas de que el objetivo era otro se vayan convirtiendo en certezas. La Reforma Laboral del Partido Popular lo que ha provocado es una orgía de destrucción de empleo y de fabricar parados. Lo vemos con los datos de la Encuesta de Población Activa, según la cual el número de desempleados desde el primer trimestre de 2012 (la Reforma Laboral se aprobó en febrero) hasta el último de 2013 el paro se ha incrementado en más de un millón de personas.

Sin embargo, las consecuencias de la Reforma Laboral van más allá de lo citado anteriormente. Gracias a la flexibilidad tan alabada por el Partido Popular se ha precarizado el empleo. Este dato lo vemos en los datos del paro registrado de cada mes. El número de contratos indefinidos firmados son casi nulos, mientras que contratos temporales o por horas se incrementan. Por otro lado, también se ve que el trabajo a tiempo parcial va ganando terreno sobre el contrato a tiempo completo de manera alarmante. Gracias a la Reforma Laboral de Mariano Rajoy el empleo que se genera en España es precario y cercano a los *minijobs* alemanes. Pero la mezquindad del mercado laboral elaborado por el PP va más allá, ya que se permite un porcentaje de horas extra en la contratación a tiempo parcial que casi logra que un empresario contrate a un trabajador a tiempo parcial y que las jornadas sean casi similares a una completa, eso sí, con el salario del parcial. ¿Esto no es explotación? Sí, es explotación legalizada por el Partido Popular. El ejemplo concreto lo vimos en la temporada estival cuando se contrataba para puestos del sector hostelería a trabajadores con contrato a tiempo parcial con un salario de 500 euros mensuales y con jornadas superiores a las 12 horas diarias. Este ejemplo es extrapolable a otros sectores. Pero este efecto de la Reforma Laboral no se cacarea Fátima Báñez. Lo obvia, dado que los dirigentes ultraconservadores españoles son tan miserables que incluso llegan a afirmar que es mejor un trabajo precario que no tener trabajo.

Por obra y gracia de la flexibilidad que el PP llevó a los altares para justificar el mayor atentado a la clase trabajadora desde que Franco les quitara sus derechos, también se está produciendo una devaluación salarial que está provocando un fenómeno que hasta ahora era muy poco significativo: la pobreza laboral, es decir, personas con trabajo que no cubren los mínimos de supervivencia. Hay diferentes estudios sobre el descenso de los salarios en España, pero todo el mundo coincide que la devaluación está suponiendo una pérdida adquisitiva por parte de los trabajadores cercana al 10%, todo esto mientras los salarios de los directivos sube en una pinza superior al porcentaje anteriormente señalado. Uno de los objetivos de la Reforma Laboral era el descenso de la masa salarial de las empresas para ganar competitividad. El hecho de relacionar competitividad con menores salarios es de por sí una burda mentira y una manipulación obscena de la realidad. El objetivo real es convertir a España en el Bangladesh de occidente. Degradar las condiciones de los trabajadores españoles hasta los niveles de precariedad de países subdesarrollados con el único fin de que las empresas no se resientan en sus beneficios netos por las consecuencias de la crisis que el propio Partido Popular originó con su burbuja inmobiliaria. Lo que no se dan cuenta que siempre habrá alguien que lo haga más barato y que, por mucho que intenten esclavizar a los españoles, hay países cuyos costes siempre serán más económicos.

¿Cómo es posible que antes de que estallara la crisis España no fuera competitiva con unos de los niveles salariales más bajos de la UE? ¿No habrá otras razones que justifiquen esa falta de competitividad? Evidentemente, sí que las hay, lo que ocurre es que es más sencillo legislar contra la masa salarial que contra otros factores que afectan a los grandes poderes económicos a los que se ha entregado el gobierno como si fuera una puta enamorada. Algunas de esas causas están relacionadas con la burbuja inmobiliaria, como, por ejemplo, el precio del suelo de oficina. El incremento descontrolado del precio del suelo hizo que las empresas tuvieran que pagar por encima de su valor real el alquiler o la compra de sus oficinas. Estos costes impactan de igual modo en la competitividad que la supuesta carga salarial porque todos esos gastos se imputan en la cuenta de explotación. Pondré un ejemplo personal. Yo trabajé en una empresa que por una oficina de 200 metros cuadrados, diáfana, pagaba 9.000 euros mensuales en concepto de alquiler. No era una empresa con una proyección internacional ni tenía clientes de gestión sino que facturaba a cliente final. No era una empresa que se encontrara en el barrio financiero de Madrid, sino que estaba sita en un barrio obrero de la capital, un barrio con los costes de suelo mucho más bajos que el Distrito Centro o el distrito financiero, lugares donde los costes de suelo duplican o triplican el expuesto. Lo mismo ocurre con lo referido al consumo de electricidad y este coste sí que impacta directamente no solo en la cuenta de explotación sino que incide directamente en la propia actividad. No es de recibo que un país que genera mucha energía eléctrica ocupe el tercer puesto de la UE en lo referido al pago de la factura de la luz. ¿No será esta una de las causas que provoca que no se abran más industrias o más empresas en España?

El hecho de que se quiera incentivar las reducciones salariales o la imposición de salarios de miseria por parte del PP y de la CEOE tiene más que ver con una cuestión ideológica de la derecha que con la verdadera realidad. Es un hecho que los recortes salariales van encaminados hacia algo muy distinto a ganar competitividad. Por un lado, lo que se quiere es que la ratio de beneficios netos de los empresarios se vea perjudicada por la crisis. Ganar lo mismo, o más, aplicando menos recursos. Por otro lado, la búsqueda de trabajadores sumisos como los que había en el siglo XIX o los primeros años del siglo XX. Los datos no engañan y no pueden ser manipulados una vez ofrecidos a la opinión pública. En estos años de gobierno del Partido Popular asistimos a unos índices de beneficios de las grandes empresas que ponen los pelos de punta. Mientras se está masacrando a la clase trabajadora y a las clases medias con medidas de ajuste salarial y de devaluación de condiciones laborales, los beneficios de las empresas del IBEX 35 están aumentando sus beneficios, beneficios que repercuten en las cuentas corrientes de sus directivos y accionistas. En un entorno económico marcado por la crisis estos beneficios deberían orientarse hacia la inversión para crear nuevos puestos de trabajo. Sin embargo, no es así. Tal vez sea una estrategia basada en la búsqueda de una precariedad del mercado laboral que provoque que los trabajadores se vuelvan sumisos y acepten condiciones tanto salariales como laborales que en un contexto de normalidad no hubieran sido admitidos. Si un trabajador se queja de sus condiciones la respuesta del empresario será que tiene a 6 millones de personas esperando en la puerta para hacer lo mismo y con el escenario propuesto por él. Ante el miedo a perder el empleo el trabajador agacha la cabeza y sigue con su trabajo.

Este es el mundo laboral que nos ha impuesto el Partido Popular con su Reforma Laboral, una reforma con marcados tintes ideológicos y que sólo beneficia a los empresarios.

Sin embargo, no quiero que este capítulo parezca una criminalización de los empresarios y una beatificación de los trabajadores. En España hay muy buenos empresarios que se matan para que sus trabajadores tengan las mejores condiciones, tanto salariales como laborales, dignas. Hay miles de empresarios que se quitan sus beneficios para que la bajada de ventas no afecte a sus trabajadores. Estos no son a los que me refiero cuando hago esta crítica, sino a quienes están representados en la CEOE o en Asociaciones Empresariales de ultraderecha. Les pondré un ejemplo de una empresa de más de 50 trabajadores, que debería ser un modelo a seguir.

Cuando me lo contaron no me lo creía, pero existen empresas que no están utilizando la crisis para destrozar la vida de sus trabajadores. Un día me llegó la noticia de que un joven empresario con una empresa de más de 80 trabajadores dedicada a la consultoría tecnológica y al marketing estaba generando empleos y estaba creciendo.

El primer hecho que me chocó fue que el mismo patrón sugirió a los trabajadores que formaran su Comité de Empresa cuando la plantilla llegó al número mínimo para poder organizar su Comité.

Este empresario tiene un punto de partida que choca con el común de los criterios de los empresarios españoles referentes a los costes salariales. Para este chico el salario de su plantilla no es un coste, sino una inversión, y él es quien debe cuidar de la misma. No es un dinero gastado, sino invertido. Él se rige por las tablas salariales marcadas por su Convenio Colectivo, pero sólo en el momento en que el trabajador entra a trabajar, dado que posteriormente ese salario se incrementa con pluses y variables que van en función del desempeño de los trabajadores con objetivos individuales y colectivos, además de una paga a primeros de año que se divide equitativamente del 20% de los beneficios netos de la empresa. Es decir, que uno de los variables de los trabajadores sale del beneficio del empresario.

Otra de las medidas salariales que este empresario toma es el incremento de los salarios de los trabajadores en base al IPC real más un 2%. Es decir, que este año 2014 los empleados han incrementado su salario base en un 2,2%.

Por supuesto, no aplica la Reforma Laboral del PP por creerla injusta para sus trabajadores y sigue aplicando la legislación anterior.

Respecto a las condiciones laborales, aplica al pie de la letra la conciliación de la vida laboral y la familiar.

No existen ni las jornadas partidas ni las horas extras puesto que uno de los puntos de la filosofía de esta empresa es que las horas firmadas en contrato son las necesarias para tener un buen desempeño del trabajo asignado. Su jornada laboral comienza a las 8 de la mañana y finaliza a las 3 de la tarde, de lunes a viernes. Se potencia el teletrabajo si el proyecto lo permite. Los trabajadores disponen de seguro de vida, seguro médico, autobuses lanzadera, pago del 100% del salario por baja laboral y 120% si la baja es de maternidad, baja maternal que es de 20 semanas porque se permite a la madre estar cuatro semanas más cuidando de su hijo como si fueran un permiso retribuido. Ahora, al cambiar de oficina, ha incluido una sala de lactancia por si alguna trabajadora precisa de ella por no poder dejar a los bebés con alguien.

Lo mejor de ello es que la empresa sigue creciendo y ha conseguido contratos con grandes empresas españolas y están desarrollando proyectos para alguna multinacional europea que no está implantada en España aún.

No se echen las manos a la cabeza porque es real. Y esto es lo doloroso, que algo así sea real cuando no hacemos más que ver las maniobras de los otros empresarios, que se están aprovechando de las "bondades" de la Reforma Laboral de Rajoy para reducir plantillas para que sus beneficios aumenten mientras se eliminan derechos a los trabajadores y el desempleo crece. Cuando se cuida a los trabajadores, éstos suelen responder al empresario. Cuando se respeta a los trabajadores, éstos suelen devolver ese respeto con beneficios.

Lo que más me satisfizo fue que no es el único caso, que no es una rara avis, sino que hay más empresas que utilizan este modelo de gestión para lograr el éxito, potenciando el factor humano, potenciando al trabajador.

Ante estos atropellos a los trabajadores, ¿dónde están los sindicatos? Dedicaré un apartado exclusivo para analizar a las asociaciones encargadas de defender los derechos de los trabajadores.

Como hemos visto en este capítulo el gobierno de Mariano Rajoy impuso su Reforma Laboral en base a las recomendaciones del FMI y las reivindicaciones de la CEOE. Hizo oídos sordos de las peticiones de los sindicatos y, sobre todo, de las necesidades verdaderas del mapa empresarial español. En la Reforma Laboral de Mariano Rajoy y de su presunta ministra de Empleo se equivocan los términos al buscar la competitividad de las empresas españolas en bajadas salariales, en facilitar el despido al hacerlo casi gratuito o en aprobar los Expedientes de Regulación de Empleo en base a previsiones de pérdidas, en la precarización del empleo, en la eliminación de la protección sindical de los trabajadores al deslegitimar la negociación colectiva o en la búsqueda de salidas económicas que sólo perjudican al trabajador y favorecen al empresario. Es lógica esta visión por parte de alguien que no conoce la realidad del mundo del trabajo, que es un ignorante en el conocimiento del funcionamiento interno de una empresa y en los orígenes de los datos productivos. El presidente es un Registrador de la Propiedad y la presunta Ministra de Empleo pertenece a esa casta empresarial que está anclada en los modelos productivos del siglo XIX. Quiero recordar que el progreso de las naciones se encuentra en los modelos de producción y no en los modelos de especulación.

Sin embargo, las soluciones laborales están en el punto opuesto de la Reforma Laboral y en la generación de un nuevo sistema productivo en el que el Gobierno, tanto el central como el de las Comunidades Autónomas, debe ser el principal valedor.

En principio es importante la generación de un cambio en el modelo productivo español. Una economía fuerte no puede estar basada en un tejido empresarial basada en la PYME, tal y como ocurre en este país. Soportar la estabilidad del empleo en la PYME es poner la soga en manos del suicida o la pistola en manos del asesino. España no ha generado una estructura empresarial basada en la gran industria sino que la está destruyendo haciéndola casi inexistente. La España de Mariano Rajoy está yendo por el camino opuesto a lo que todos los indicadores marcan como camino hacia el desarrollo que es la Investigación y el Desarrollo, ya que las ayudas a este tejido empresarial está siendo masacrado por las medidas de ajuste que nos impuso la Troika para poder salvar al sistema bancario español. Un país con un tejido de industria y en el I+D+I no basado en la PYME puede crear crecimiento. No estoy afirmando que la PYME sea contraproducente con el crecimiento y la creación de empleo. Sin embargo, en un país donde se han ahogado las líneas de crédito empresarial, aspecto fundamental para ese tejido empresarial y su crecimiento, no es posible mantener los cimientos del sistema productivo español.

Durante la burbuja inmobiliaria el sistema productivo español estuvo basado en la construcción. Muchas empresas dejaron su actividad principal para meterse en ese mundo de la especulación salvaje que generó y potenció el gobierno de José María Aznar con sus reformas legales. En el corto plazo se crearon millones de empleos y se generó un crecimiento económico que era la envidia del mundo. Sin embargo, estas medidas fueron la tapa del ataúd para el futuro, tal y como estamos viendo ahora. La industria prácticamente desapareció. Cuando se empezaban a ver las orejas del lobo de la crisis económica se intentó que las empresas, tanto grandes como PYMES se internacionalizaran. El empresario español buscó todas las ayudas públicas para dicha internacionalización de actividad para realizar un proceso de deslocalización por el cual salieron de este país casi un millón de puestos de trabajo. Si sumamos este millón de empleos enviados a Asia, Europa del Este y Latinoamérica a los más de tres millones que se destruyeron con la explosión de la burbuja inmobiliaria, y al millón que ya había tenemos los cinco millones de parados que con las reformas de Rajoy han llegado a los 6 millones de parados, es decir, más de un cuarto de la población activa. Y sin perspectiva de recuperación porque la inutilidad que están demostrando Rajoy y la presunta Ministra de Empleo en este asunto es de niveles superlativos. Cada retoque que dan a la Reforma Laboral es una sangría de empleos y un acercamiento hacia los niveles de protección de los derechos laborales de Bangladesh o de Vietnam.

Rajoy, la presunta Ministra de Empleo y el Partido Popular cifran la recuperación del empleo en eso que han llamado flexibilidad laboral y que en lenguaje de calle es destrucción del marco laboral y de las condiciones mínimas para tener un trabajo digno. La flexibilidad laboral que preconiza el gobierno y que Ana Botella ha igualado a la invención de la rueda, al descubrimiento de fuego o de la penicilina al afirmar sin ruborizarse que la Reforma del Gobierno es uno de los mayores avances de la Historia de la Humanidad ha sido expresada en el mundo empresarial como un camino hacia la precarización del empleo, hacia la eliminación de derechos de los trabajadores y hacia la generación de un ambiente de chantaje para que aquellos que están desesperados por una situación de desempleo y de acercarse hacia la exclusión social acepten condiciones laborales que en otras condiciones desecharían. Vemos en prensa ofertas de trabajo con periodos de prueba de medio año sin remuneración, con exigencia de aportaciones económicas a los candidatos de estas ofertas o de pago en techo y comida, tal y como ocurría en el siglo XIX.

El Gobierno está obligado a legislar en favor de sus ciudadanos y no en favor de las élites, ya sean empresariales, ya sean económicas, ya sean eclesiásticas. Mariano Rajoy ha olvidado esta obligación y se ha decantado por la necesidad ideológica de defender a esas élites. Durante su gobierno se han eliminado, por lo menos, un millón de puestos de trabajo, cuando él prometió la creación de más de 3 millones. Durante su gobierno se han cuasi derogado los derechos de los trabajadores y el artículo 35.1 de la Constitución donde se afirma que *«Todos los españoles tienen el DEBER y el DERECHO AL TRABAJO, a la libre elección de profesión u oficio, a la promoción a través del trabajo y a UNA REMUNERACIÓN SUFICIENTE PARA SATISFACER SUS NECESIDADES Y LAS DE SU FAMILIA, sin que en ningún caso pueda hacerse discriminación por razón de sexo»*. Las políticas en materia laboral del Gobierno de Mariano Rajoy van en contra de este artículo de la Carta Magna, puesto que, tal y como ha reconocido la Comisión Europea, en España el hecho de tener un trabajo no es sinónimo de estar en una situación de prosperidad o de tener la capacidad para satisfacer las necesidades mínimas de los ciudadanos. Las reformas que ha implementado e impuesto el Gobierno ultraconservador se han traducido en despidos, bajadas salvajes de salarios, creación de empleos precarios y a tiempo parcial. Vemos día a día cómo los trabajadores se humillan para conseguir una limosna o un minijob. Vemos cómo las políticas de Mariano Rajoy y su presunta Ministra de Empleo han generado una bolsa de desigualdad: las empresas aumentan beneficios mientras que los trabajadores pierden capacidad salarial; las empresas del IBEX ganan en competitividad mientras que los trabajadores pierden capacidad salarial; las empresas incrementan ganancias mientras que a los trabajadores se les rebaja el SMI a niveles de un país del Tercer Mundo. El Gobierno está obligado a legislar en favor de sus ciudadanos y las reformas del gobierno de Mariano Rajoy lo que ha creado es una situación similar a la posguerra, donde los ricos eran muy ricos, tanto los protegidos por el Régimen como los ladrones estraperlistas que se aprovechaban de la necesidad de los ciudadanos para llenar sus bolsillos, al igual que ahora.

Mariano Rajoy ha dicho y repetido hasta ser cansino que no ha tenido más remedio que aplicar esas medidas contra su pueblo. No es cierto porque existían y existen otros caminos para recuperar los niveles económicos sin necesidad de fustigar y castigar a los españoles. Citaré algunas que deberían ser la base para la creación de una Reforma Laboral basada en el crecimiento y no en el recorte, porque generando ese crecimiento se genera un mayor índice de ingresos para el Estado y no un incremento de los beneficios de las empresas gracias a la depauperización de las condiciones de los trabajadores.

En primer lugar, es necesario aplicar medidas que aumenten la productividad de nuestras empresas sin renunciar a la calidad y al ofrecimiento del valor añadido. Eso se consigue mejorando las condiciones de los trabajadores. España es uno de los países donde más horas efectivas se dedican al trabajo. Las jornadas laborales en este país son de las más extensas de Europa pero la productividad es muy baja. Hay una figura que el gobierno no se ha atrevido a tocar y es la jornada partida. Los trabajadores españoles comienzan su jornada a primera hora de la mañana y la finalizan al final de la tarde porque el tiempo que se tiene para comer no computa como horario laboral. Un ciudadano español se levanta a las 6 de la mañana, se desplaza a su puesto de trabajo, comienza su jornada a primera hora de la mañana, para para comer un mínimo de una hora, se reincorpora a su puesto, finaliza su jornada y retorna a su casa casi a la hora de cenar. Los trabajadores españoles dedican más de doce horas del día a su trabajo. Por eso, una medida para aumentar la productividad es la eliminación de la jornada partida, tal y como ocurre en países con un mayor desarrollo productivo como Suecia, donde las jornadas a primera hora de la tarde. Está demostrado que la jornada continua, con los descansos previstos en la Ley, aumenta la productividad del trabajador.

En segundo lugar, la rebaja de las cotizaciones a la Seguridad Social para empleos no precarios y a tiempo completo implicaría un aumento significativo de la ratio de recaudación para el Sistema Nacional de

Seguridad Social. Es posible que haya algún lector de estas líneas que desconozca que las empresas cotizan aproximadamente un 33% de la base de cotización del trabajador en concepto de Seguros Sociales. Es una reivindicación histórica de la CEOE que estos porcentajes de tributación se bajen pero cargando la diferencia en la cotización que aporta el trabajador. Sin embargo, la rebaja de las cotizaciones por parte del Gobierno sin aplicar las diferencias en el salario del trabajador repercutiría en la competitividad de las empresas españolas, lo que crearía empleo.

En tercer lugar, no es de recibo que un país con un SMI de los más bajos de la Eurozona, se apele a la rebaja salarial para ganar competitividad. La rebaja salarial que propugnan e imponen los empresarios está orientada al mantenimiento de los niveles de beneficios con una productividad menor. Esto es intolerable y Mariano Rajoy y su presunta Ministra de Empleo lo han permitido con su Reforma Laboral.

En cuarto lugar, Mariano Rajoy debe impulsar un sistema donde se premie el empleo estable y de calidad y no la precarización. Estos premios deben ir orientados hacia los incentivos fiscales y en base a la calidad del empleo y a los niveles de contratación neta.

En quinto lugar, Mariano Rajoy y su presunta Ministra de Empleo están obligados, en el entorno de crisis económica y financiera en que nos encontramos, a buscar soluciones para la financiación de PYMES y empresas y no potenciar la creación de nuevas empresas que ya nacen con un fracaso debajo del brazo. La solución al desempleo en España propugnada por el Partido Popular se puede resumir en la siguiente frase: «¿Estás en paro?, búscate la vida y monta tu propia empresa». La apuesta por el emprendimiento es el reconocimiento del fracaso de las políticas de empleo de este gobierno y la incapacidad para generar escenarios de creación de puestos de trabajo. De igual modo que ha sido el Gobierno quien ha conseguido una línea de crédito para rescatar a la banca con el fin de que ésta abriera el grifo del crédito a familias y empresas, debe ser el Gobierno quien busque líneas de financiación, ya sea en España, ya sea fuera de España.

En sexto lugar, Mariano Rajoy y su presunta Ministra de Empleo están obligados a buscar escenarios de contratación de nuevos trabajadores o de recuperación del empleo perdido. Un modo es hacer retornar las actividades que han sido deslocalizadas por parte de las empresas españolas, del mismo modo en que a partir de 2007 se dio facilidades a los empresarios para internacionalizarse. Éstos aprovecharon las subvenciones que se dieron para extender la actividad hacia mercados externos para hacer lo contrario: no internacionalizaron, sino que deslocalizaron sus actividades, lo que ha provocado que se hayan perdido más de 1,5 millones de empleos. El Gobierno está obligado a retornar estas actividades con políticas relacionadas con el punto dos que hagan atractiva la vuelta de dichas actividades a nuestro país. El ROI de estas políticas de incentivos fiscales es inmediato ya que el Estado recauda desde el mismo momento en que comienza la actividad.

Estas son seis fórmulas que podrían estar dentro de una Reforma Laboral que busque el crecimiento y el beneficio, tanto de trabajadores como empresarios. Evidentemente, todo pasa por la derogación de la actual, eliminando las facilidades para destruir empleo que la presunta Ministra de Empleo ha impuesto a los trabajadores y que los malos empresarios han acogido con los brazos abiertos, ya que hay empresas que no se están acogiendo a dicha Reforma. Con medidas así sí que se provoca que le economía real se recupere, no la economía de los mercados o los datos macroeconómicos y, a diferencia de la economía especulativa, la recuperación y el crecimiento de la economía real tiene un retorno inmediato en la recaudación estatal y en el mantenimiento del Estado del Bienestar. El planteamiento del Gobierno es que la recuperación de la macroeconomía al final acaba repercutiendo en la economía real, pero en el largo plazo y con las sobras de los beneficios del capital. Esto es posible o no, tal y como lo estamos viendo. Los poderosos y los representantes de ese nuevo capitalismo de la especulación son más poderosos y ricos mientras que el pueblo está empobrecido a niveles de la posguerra.

¿Buscará el Gobierno soluciones para el principal problema de los ciudadanos? Evidentemente, NO, pero debemos luchar para que lo hagan con algo más que unas pancartitas o unas ruedas de prensa. Sólo luchando, sólo haciendo ver a los sindicatos que la lucha obrera es más necesaria que nunca, lo conseguiremos. Con la pasividad actual los trabajadores quedamos expuestos a las garras del neoliberalismo más salvaje que representa el partido de Mariano Rajoy, el partido ultraconservador español.

VII

PENSIONES

Si algo hay sagrado en cualquier país democrático es la protección de los mayores con un sistema de pensiones que les garantice los mínimos de supervivencia tras décadas de trabajo. Así lo asegura la Constitución Española vigente en su artículo 50: « *Los poderes públicos garantizarán, mediante pensiones adecuadas y periódicamente actualizadas, la suficiencia económica a los ciudadanos durante la tercera edad. Asimismo, y con independencia de las obligaciones familiares, promoverán su bienestar mediante un sistema de servicios sociales que atenderán sus problemas específicos de salud, vivienda, cultura y ocio»*. Lo sagrado para el PP es el culto a personajes de ficción a los que quieren endosar las soluciones a la crisis o su sumisión a los poderes económicos y los mercados. La protección de nuestros mayores es algo secundario, salvo si con ellos se pueden abrir nuevas líneas de negocio.

Lo anterior se ha demostrado con la Reforma del Sistema Nacional de Pensiones, un sistema que hasta que llegó al poder Mariano Rajoy había contado con un consenso casi total entre todas las fuerzas políticas, tanto de izquierdas como de derechas, tanto nacionalistas como españolistas. El Partido Popular, al igual que con el resto de sus reformas, ha impuesto su ideología de eliminar cualquier protección por parte del Estado hacia los ciudadanos.

El departamento de Fátima Báñez ha impuesto a nuestros jubilados un nuevo sistema de cálculo de las pensiones y de su revalorización anual. Hasta ahora esta revalorización estaba basada en el índice que marca los niveles de vida de los españoles: el IPC. Si la vida sube un tanto por ciento concreto, lo lógico es que las pensiones, al igual que los salarios, se revaloricen en la misma proporción. Si los costes de la vida suben, las pensiones y los salarios deben subir en igual medida. Sin embargo, para el Partido Popular esto no es así. Lo han demostrado con esta reforma de las pensiones que elimina la revalorización en base al IPC por otro que se basa en la situación macroeconómica. Ahora los pensionistas tendrán una subida del 0,25%, aunque los costes de la vida suban un 3 o un 45%. Este índice de revalorización tendrá en cuenta los gastos del sistema de pensiones cada año y el déficit o el superávit anual. ¿Cómo van a tener superávit si los cotizantes a la Seguridad Social están bajando gracias a las políticas de empleo del PP? En resumen, el Partido Popular les ha bajado las pensiones a nuestros mayores puesto que pierden poder adquisitivo.

Esta reforma miserable también ha sido impuesta por la Troika. Mariano Rajoy, en vez de defender a los más vulnerables, se ha sometido a lo que le piden desde fuera entidades con nula legitimidad democrática. El índice de revalorización, según el PP, protege a los pensionistas de bajadas o de congelaciones. Esto es falso, ya que lo que han hecho los ultraconservadores españoles es bajar las pensiones, a lo mejor no cuantitativamente, pero sí cualitativamente. Incluso con esa limosna del 0,25% puede provocar que haya una reducción en lo que perciben nuestros mayores puesto que en cuanto supere un escalón de cálculo del IRPF, la pensión les bajará también en cantidad.

Los precios suben, los impuestos suben, se imponen copagos sanitarios, tanto en medicamentos como en los traslados al hospital. Sin embargo, las pensiones solo se revalorizan un 0,25% pudiendo llegar nuestros mayores a perder en 15 años más del 30% de poder adquisitivo. Ante estas verdades el PP antepone su visión ideológica: si quieres tener una pensión digna, te la tienes que pagar con un fondo privado de los que ofrece la banca, porque la banca es la principal beneficiada.

Durante la burbuja inmobiliaria los bancos y las cajas de ahorro lanzaban campañas publicitarias agresivas sobre sus productos hipotecarios. Cuando se les cerró el grifo del crédito del BCE y de los bancos americanos, comenzaron con la captación de pasivos a través de cuentas nómina. Como no funcionó, estafaron a sus clientes con la venta de preferentes. Ahora, con la que les está cayendo a los ciudadanos, la banca está lanzando multitud de productos relacionados con las pensiones. Por tanto, es la banca quien puede ser la mayor beneficiaria de esta reforma. Algo muy propio del estilo del Partido Popular cuando está gobernando: emponzoñar con propaganda miserable todo lo relacionado con la gestión pública para crear una desconfianza en ésta por parte de los ciudadanos para que se conviertan en clientes de la gestión privada. En el caso de las pensiones se está haciendo lo mismo. La incertidumbre que crea esta Reforma en el pueblo tiene como objeto que los españoles contraten planes de pensiones privados, con todo el riesgo financiero que estos productos tienen.

Lo que no se da cuenta el PP es que es el sistema actual de pensiones, junto con la pequeña economía sumergida, la que le está garantizando la paz social en este país. Son los pensionistas quienes se están volviendo a convertir en los sostenes familiares cuando los que deberían sostenerlos a ellos se han convertido en las víctimas de las políticas expansivas de Aznar y de la burbuja inmobiliaria institucionalizada por éste y su gobierno. Son las pequeñas pensiones las que están evitando el hambre en este país. Son las pensiones las que están manteniendo a los niños en los colegios. Son las pensiones las que están evitando que se produzca un estallido de los afectados por las políticas neoliberales. De momento, lo pueden hacer porque en España la protección familiar es tan importante como la propia vida y nadie abandona a los suyos. Sin embargo, esta protección se agota porque el gobierno no soluciona los verdaderos problemas de los ciudadanos.

Desde un punto de vista político, esta postura autoritaria de imposición de su modelo ideológico ha hecho saltar por los aires algo que hasta ahora sólo era modificado con un amplio consenso entre todas las fuerzas políticas. El Partido Popular ha destrozado el Pacto de Toledo con su modo cuasi dictatorial de entender el ejercicio del poder. No se ha creado ninguna mesa de negociación con el resto de fuerzas políticas o con los agentes sociales. Fátima Báñez insiste en su fábula de que se ha sentado con todo el mundo, pero, como todo lo que sale del Partido

Popular, es falso ya que no se ha negociado nada, sólo se ha presentado a los agentes sociales y los partidos políticos el proyecto y se les ha instado a una sumisión total a la misma. Es el modo de entender la democracia de la derecha: el consenso es subirse al barco sin cuestionar nada.

VIII

DESAHUCIOS Y POBREZA

Los desahucios son la cara que muestra las consecuencias de las políticas neoliberales y donde se puede comprobar que la ideología económica del Partido Popular y de quienes son los máximos beneficiarios de sus acciones de gobierno va en contra de los verdaderos intereses de los ciudadanos. Desde que se creó la burbuja inmobiliaria en la anterior etapa de gobierno del Partido Popular y su rapacidad especulativa muchos españoles invirtieron en la compra de una vivienda a precios que, como se ha demostrado, estaban sobrevalorados. La facilidad de acceso a una hipoteca por la irresponsabilidad de la banca provocaba situaciones en las que se instaba a las personas a contratar préstamos hipotecarios porque, con los precios de un alquiler, podías tener una casa en propiedad. Las propias entidades incentivaban a sus empleados para la venta de estos productos. Había mercado, había dinero, las familias tenían empleo, había producto y el precio del suelo se iba incrementando. A esto hay que añadir la cultura de propiedad que es intrínseca al espíritu de este país: mejor tener una casa que pagar por vivir en un domicilio que nunca será suyo. Todos estos factores se unieron para crear una de las mayores estafas encubiertas de la historia de Europa.

Sin embargo, la falsa prosperidad creada por el gobierno de José María Aznar se desinfló en un principio y explotó cuando ya estaba gobernando el Partido Socialista. La ineficacia de algunas de las medidas tomadas para parar los efectos de esta explosión de la burbuja inmobiliaria hizo que comenzaran a realizarse lanzamientos. No hay una estadística fiable para determinar el total de desgracia generada por la voracidad especulativa y usuraria de la banca, pero se puede hablar sin temor a caer en un error de más de medio millón de españoles que han sido expulsados de sus hogares al ser desahuciados por impago de hipoteca.

No hay nada más cruel para una persona que, tras perder su trabajo, su medio de subsistencia, el propio banco que le agasajaba para que contratara una hipoteca con ellos le quite el último recurso al que agarrarse para no caer en la exclusión: su propio techo, su propio lugar lleno de recuerdos, alegrías, penas, risas, lágrimas. La Constitución Española afirma en su artículo 47: « ***Todos los españoles tienen*** *derecho a disfrutar de una vivienda digna y adecuada. Los poderes públicos promoverán las condiciones necesarias y establecerán las normas pertinentes para hacer efectivo este derecho, regulando la utilización del suelo de acuerdo con el interés general para impedir la especulación. La comunidad participará en las plusvalías que genere la acción urbanística de los entes públicos»*. Tras leer esto, partimos de la base de que las medidas tomadas por el anterior gobierno del Partido Popular atentaron contra el espíritu de la norma al fomentar la especulación salvaje tanto de constructores como de la banca. Una de las consecuencias de sus políticas la tenemos en el drama de los desahucios.

Esta es una de las realidades que Mariano Rajoy intenta tapar con datos macroeconómicos que mejoran ligeramente. Sin embargo, ¿este fenómeno de humillación de las clases humildes no está enmarcado dentro de una estrategia para aumentar la supremacía de las clases que ya eran poderosas? Todo indica que sí. Todo indica que la derecha española no está cómoda con los índices de igualdad y prosperidad de las clases medias y la clase trabajadora. ¿Cómo se logra volver a los estándares vigentes en los tiempos anteriores a las dos grandes guerras? Generando necesidades y miedo a perder lo que se ha logrado. El drama de los desahucios nos lo muestra y nos muestra que es una de las consecuencias de esta estrategia.

La burbuja inmobiliaria generó una falsa prosperidad en la que todos los actores de la sociedad se beneficiaron, directa o indirectamente. Alguien me podría decir que la bonanza económica de aquellos años no fue falsa, sin embargo, la burbuja creó una especie de orgía de dinero en la cual la población, las clases medias y las clases trabajadoras se endeudaron para lograr una situación personal en la que nos faltaba de nada. No es lo mismo que decir que vivíamos por encima de nuestras posibilidades, tal y como dice Mariano Rajoy cada dos por tres para justificar su política de destrucción del Estado del Bienestar. En aquellos años vivimos con las posibilidades que teníamos. No obstante era un espejismo. Todos creímos que la situación iba a durar olvidando que los poderosos, que los que tienen las riendas de nuestra economía, de nuestro bienestar, estaban preparando su gran golpe. Ellos no pueden permitir que se relajen las líneas de separación con los que están por debajo de ellos y precisaban de generar una situación económica que ampliara dichas fronteras.

Con esa falsa prosperidad, con los ríos de dinero fácil que corrían en España se generó la situación ideal para fabricar una crisis que hiciera que las clases medias y las clases trabajadoras tuvieran miedo de perder lo que habían logrado. El hecho de estar endeudados hasta límites insostenibles gracias a la irresponsabilidad de la banca española y de esos poderes económicos convierten a la gente en entes manejables por el miedo. En primer lugar, el miedo a perder el empleo, que hace que el trabajador esté dispuesto a renunciar a derechos y niveles salariales dignos. La pérdida del empleo hace que las personas vean posible ir perdiendo poco a poco cosas tan básicas como un nivel de vida digno, incluso su propio hogar. Los desahucios hacen ver a las clases trabajadoras lo que les puede ocurrir si no se pliegan a las exigencias de los poderes económicos. Cada desahucio es una advertencia y una amenaza. Y lo estamos viendo. El miedo está haciendo que la gente no salga a la calle a reclamar lo que ya se había conquistado. El miedo hace que la gente tiene mucho más que perder que ganar si se vuelven reivindicativos.

La situación generada por los poderes políticos y económicos tradicionales cuyo único fin es el enriquecimiento de los poderosos y la generación de una situación en la que los más débiles sean más dóciles. Es la aplicación del estado del miedo.

El modo en que se ha ido llevando a cabo la estrategia de desprotección de los humildes respecto a los poderes tradicionales, junto con las medidas de Mariano Rajoy que favorecen a éstos, están llevando a España a una situación de emergencia nacional en lo referido a los índices de pobreza. Este país se ha jactado en los últimos años de ser un referente en lo relacionado con el Estado del Bienestar. Mariano Rajoy y la derecha más casposa no podían aguantar que los niveles de igualdad y de protección de dicho Bienestar se mantuvieran. Una vez logrado su asalto al poder con la estafa electoral a la que nos hemos referido anteriormente, tenían vía libre para volver a implantar un Estado de Desigualdad y de élites, las mismas élites que el propio Presidente defendió en artículos periodísticos. Las consecuencias de sus medidas las estamos viendo en el incremento de los niveles de pobreza de nuestro país: más del 20% de la población vive por debajo de los niveles de pobreza, exactamente un 21,8%, según el informe *Exclusión y Desarrollo Social en España*. Esta cifra no es mayor debido a la estabilidad de ingresos de nuestros mayores gracias al Sistema de Pensiones que el Partido Popular quiere derogar con su reforma neoliberal. En el país gobernado por el Partido Popular, además de ese 21,8% hay un 25% de la población que está en riesgo de traspasar ese umbral. ¿Qué hace el gobierno ultraconservador español ante esta lacra? Legislar en favor de los favorecidos en vez de buscar soluciones para aquellos que son las verdaderas víctimas de la crisis.

Medidas como la Reforma Laboral o como la inacción por parte del Ministerio de Empleo a la hora de legislar en favor de medidas para la creación de empleo y riqueza son la leña que aviva la hoguera de la desigualdad, la exclusión, la pobreza y el hambre. ¿Le interesa al gobierno que en España el número de personas en situación de pobreza crezca? ¿Le interesa al Partido Popular que el Estado del Bienestar que protege a los más desfavorecidos desaparezca en favor de una sociedad más injusta donde los poderosos sean más poderosos y los débiles sean más débiles? Parece que sí, ya que la actividad legislativa del gobierno de Mariano Rajoy se ha centrado en la mejora de las cifras macroeconómicas en vez de las verdaderas necesidades de los ciudadanos.

No es de recibo que en España haya gente que esté pasando hambre. Esto no se veía en nuestro país desde la época de la posguerra y, al igual que ocurrió en aquellos tiempos, se beneficiaron los afines al Régimen. Muchas fortunas se hicieron a consecuencia de este hecho. Algunos de los herederos de aquellos que se enriquecieron gracias al sufrimiento de la población ocupan hoy altos cargos en los gobiernos del Partido Popular.

El desempleo es la causa principal de estas bolsas de pobreza. La tasa de paro de España supera en más de 18 puntos porcentuales la media europea. Los parados de larga duración suponen ya más del 50% del total de desempleados. 1,5 millones de hogares tienen a todos sus miembros en paro y más de 2 millones no perciben prestación alguna. Al igual que en la posguerra hay millones de españoles que come en los comedores sociales. Al igual que en la posguerra el único sustento de muchas familias se encuentra en los bancos de alimentos, es decir, que la subsistencia depende de la caridad de los afortunados que aún tienen el privilegio de tener un empleo digno. Al igual que en la posguerra el hecho de tener un trabajo no es sinónimo de estar amenazado con la pobreza, puesto que gracias a las políticas del Partido Popular en España se ha instaurado la presencia de *trabajador empobrecido*, con casi un millón de personas en esta situación. Los salarios han bajado en torno al 10%, mientras las remuneraciones de los directivos de las grandes empresas crecen en mayor proporción. Esta situación hace que la España de Mariano Rajoy se acerque más a la situación de países subdesarrollados donde el escalón entre los más ricos y los más pobres es casi insalvable, donde las clases medias apenas existen y donde la salida de la situación de pobreza es casi una utopía.

Lo más doloroso es la presencia del hambre entre los niños. En España un 26,7% de los menores de 16 años se encuentra en situación de pobreza extrema. Los niños solo pueden comer en los comedores escolares porque sus progenitores no disponen de los medios necesarios para alimentarlos. Aún recuerdo cómo un director de colegio explicaba cómo un niño le preguntó cuánto costaba comer en el comedor un día. El director le dijo que costaba 1,50 euros. El lunes de la semana siguiente el niño le llevó en una bolsita de plástico esa cantidad en monedas de céntimo y de dos céntimos que había recogido durante el fin de semana. Esto remueve el alma hasta de los más desalmados. Pero no es una situación extrema. Ese niño, antes de que los efectos de las políticas expansivas de Aznar se cebaran en su familia, tenía una situación económica propia de un entorno de clase media o de clase trabajadora, no provenía de las bolsas de exclusión social que en todas las sociedades hay. Esta es la España de Rajoy: uno de cada cuatro niños no puede hacer tres comidas al día. Todo ello por obra y gracia de las políticas del PP, donde uno de cada cuatro españoles no puede trabajar, y eso teniendo en cuenta que casi un millón ya ha tenido que emigrar. Pobreza y desigualdad, esa es la herencia que va a dejar el nuevo Movimiento Nacional a los españoles.

Otro caso de pobreza que se está cebando con los españoles gracias a las medidas que toma el Partido Popular es la llamada *pobreza energética*. Este es un problema que afecta a más del 10% de la población española, a más de 4 millones de personas, es decir, a un 40% de quienes votaron al PP en 2011. La bajada salvaje de los salarios gracias a la Reforma Laboral, la situación de desempleo y de nulidad de retribuciones económicas provocan que millones de ciudadanos no puedan encender las luces de su casa, no puedan encender la calefacción, no puedan asearse con agua caliente. Ante esta situación el gobierno ha decidido aumentar el precio de la electricidad al plegarse a las demandas de las eléctricas, no ha aprobado una ley presentada por los partidos de izquierda donde se garantice la energía a las familias en riesgo de exclusión.

Antes estos datos, ¿qué hace el gobierno? Nada, no hace nada, salvo seguir legislando para que la desigualdad se haga insalvable. El ejemplo lo tenemos con la mezquindad demostrada ante las leyes que diversas Comunidades Autónomas implementaron para corregir las desigualdades sociales. El más claro está en la Ley *Antidesahucios* de la Junta de Andalucía. Esta disposición dictada por una Comunidad Autónoma permite a la Junta expropiar a los bancos por un periodo no superior a 3 años el uso de las viviendas en inminente riesgo de desahucio, es decir, que un gobierno legislaba a favor de las verdaderas necesidades de los ciudadanos contra quienes aplican medidas contra ellos. Aquellos que se beneficiaran de esta norma tendrían que pagar un 25% de su renta familiar para pagar el 2% del justiprecio del inmueble expropiado. Ante esta medida el Partido Popular, en su línea de dirigir su aparato legislativo contra los españoles, recurrió la Ley en el Tribunal Constitucional. ¿Cuál fue el argumento que llevó al gobierno a querer parar una ley que detenía el drama de los desahucios? El argumento más cruel, el más ponzoñoso. Según el Ejecutivo de Mariano Rajoy esta Ley de la Junta de Andalucía *pone en verdadero peligro la reestructuración del sistema financiero y la consecución de la estabilidad de las entidades de crédito como herramienta fundamental para conseguir una reducción de la prima de riesgo de España y de comenzar la senda del crecimiento económico*. Por tanto, queda demostrada la prioridad del Partido Popular en estos casos que son una emergencia para millones de ciudadanos: primero, la banca; los ciudadanos, ya tal.

Respecto al modo en que gestiona el gobierno de Mariano Rajoy una de las consecuencias de la gestión gubernativa de la etapa Aznar, el drama de los desahucios, vemos el desprecio con que el Partido

Popular trató en el Congreso de los Diputados la Iniciativa Legislativa Popular presentada por la Plataforma de Afectados por la Hipoteca, donde se solicitaba la aplicación de la dación en pago retroactiva para evitar que las personas desahuciadas tengan aún deudas pendientes con las entidades financieras tras haber perdido su vivienda. El Partido Popular actuó de forma miserable al imponer en el Pleno del Congreso su propia Ley Antidesahucios, una Ley redactada según las necesidades de los bancos y no de las personas. Además, la Secretaria General María Dolores de Cospedal se mofó de los desahuciados al afirmar sin rubor que su partido toma medidas para acabar con los lanzamientos hipotecarios. Otro dirigente, Vicente Martínez Pujalte, afirmó que no se podía aprobar la dación en pago porque eso haría que personas con mucho patrimonio se deshicieran de inversiones erróneas. Sin embargo, el meollo de la cuestión está en la otra parte del drama. En España, cuando se produce un desahucio, las familias no han dejado de tener deudas con las entidades bancarias. El total de la deuda no queda saldado, sino que se debe la diferencia existente entre la tasación en el momento de la firma de la hipoteca y el precio de tasación del momento del lanzamiento. Durante la burbuja inmobiliaria el precio de la vivienda se hinchó de un modo irresponsable. Recuerdo que una vivienda en el Soho de Nueva York era más barata que un piso en Getafe, por tanto, era un precio irresponsable provocado por la especulación salvaje de todos los actores que influyeron en ese proceso de encarecimiento. Tras el pinchazo de la burbuja, una vivienda que costó 300.000 euros, cuesta en la actualidad 180.000. Una diferencia de 120.000 euros, 20 millones de pesetas. Cuando una familia es desahuciada se toma como valor de la vivienda el actual, no el vigente cuando se produjo la compra. Esto es injusto y, como tal, se presentó la ILP, la misma ILP que el PP despreció, del mismo modo que desprecia cualquier medida que vaya en beneficio de las personas, como desprecia cualquier medida que vaya contra la banca.

IX

LIBERTADES CIVILES

Una crisis económica como la que estamos sufriendo es la coartada perfecta para las ideologías totalitarias, tal y como ya ha demostrado la historia. El miedo a perder todo lo que se tiene, ya sea mucho, ya sea poco, hace que los ciudadanos estén dispuestos a renunciar a los derechos civiles que tienen reconocidos en cualquier régimen democrático. Gracias a la situación política y social a la que nos está llevando el Partido Popular podemos modificarla y decir que España va «hasta los '70 y más atrás». Desde que Mariano Rajoy ganó las elecciones en noviembre de 2011 y tomó posesión de la Presidencia del Gobierno parece que la única intención es la de destrozar todos los logros sociales y políticos que los españoles logramos tras la muerte del Caudillo Genocida. Lo vemos en todos los ámbitos: sanidad, educación, justicia, derechos de la mujer, libertades civiles de los ciudadanos. Todo lo que el pueblo español ganó lo está perdiendo gracias al gobierno ultraconservador de Mariano Rajoy. La crisis económica es la excusa, pero la crisis económica no puede ser la única causa para este retroceso. Hay algo más, y ese algo más es la ideología ultraconservadora del partido del gobierno, es la ideología que no se encuentra cómoda con los valores de la democracia, es la ideología heredera del franquismo.

Todo parece ahondar hacia una vuelta al pasado, una vuelta hacia la dictadura. La Constitución de 1978, la Constitución del consenso político entre partidos e ideologías tan distantes como la de Santiago Carrillo y Manuel Fraga, pasando por la de Felipe González o de Adolfo Suárez. Mariano Rajoy se está aprovechando de los medios que da la democracia para derogarla de facto implantando un nuevo régimen, la dictadura parlamentaria, es decir, aplicar e imponer unilateralmente modos de gobierno dictatoriales utilizando los procedimientos parlamentarios de cualquier democracia. Esto mismo se hizo en otros momentos históricos y en otros países. La democracia sirvió como trampolín para la implantación de dictaduras con gobiernos autoritarios refrendados por los votos de los miembros del parlamento.

No voy a entrar en el análisis de los pasos atrás en materias como sanidad, educación o justicia, ámbitos donde se está retrocediendo a niveles de igualdad desconocidos desde los años posteriores a la Guerra Civil. Tras la muerte de Franco y con los primeros gobiernos de Felipe González se consiguió que la sanidad pública fuera universal y gratuita para todos los españoles, tanto para los que tenían mayor capacidad económica como para los más humildes; lo mismo ocurrió con la educación, donde tenían las mismas oportunidades el hijo del dueño de un banco que el hijo de un trabajador de estudiar una carrera universitaria; lo mismo ocurrió con la justicia. Todos los españoles teníamos la posibilidad de acceder a la justicia. Nadie en España se quedaba sin reclamar justicia ante un delito o una injusticia por falta de medios económicos. Con el gobierno de Mariano Rajoy hemos vuelto a los privilegios. Los que tienen capacidad económica podrán tener educación, sanidad o justicia. Los más humildes se pueden ir olvidando de sus derechos al privatizarse su sanidad; al hacer inaccesible su educación con tasas universitarias que sólo podrán pagar los poderosos y la reducción de las becas para los más humildes hará que muchos estudiantes queden excluidos de un sistema al que tienen derecho; al acceso a una justicia igual para todos, ya que con las tasas de Gallardón sólo los que tengan dinero podrán tener acceso a aquélla.

La vuelta atrás en el tiempo o, como diría algún dirigente del PP, la desaceleración en el avance temporal, la vemos reflejada en la ley de la mordaza.

La nueva Ley de Seguridad Ciudadana es una vuelta a los tiempos en que los *grises* perseguían a aquellos que se atrevían a protestar durante la dictadura. Se trata del primer paso para la derogación encubierta de las libertades civiles de los ciudadanos. El Partido Popular, a través de su ministro de Interior, un hombre que tiene más aspecto de Comisario de la Dirección General de Seguridad que de ministro, ha impuesto a los españoles una Ley que amordaza estas libertades y que da impunidad a las malas praxis de las Fuerzas de Seguridad del Estado permitiendo los abusos. La Ley de la Mordaza va a imposibilitar la protesta social ante los atentados del Régimen Genovés. Quieren sumisión absoluta y el único medio que tienen es el de plantear un estado de pánico que evite que los ciudadanos salgan a la calle a protestar. Fernández Díaz lo plantea como un modo de evitar protestas violentas. Sin embargo, ¿ha habido protestas violentas desde que gobierna el PP? No. Ha habido conatos de enfrentamientos por parte de una minoría. Ha habido enfrentamientos con la Policía provocados, en algunos casos, por policías infiltrados entre los manifestantes. Quieren imponer el miedo, pero realmente quienes tienen miedo son ellos, es el poder.

Felipe González, hablando de la época final del franquismo, hacía una reflexión sobre la debilidad de la oposición democrática al afirmar que tenían una sensación de que el Régimen era fuerte, pero que una visión retrospectiva daba una realidad muy diferente ya que el Régimen entraba en crisis por una simple asamblea de estudiantes en la universidad. Lo mismo parece que está ocurriendo ahora. Mariano Rajoy y su gobierno tienen miedo a los ciudadanos, mucho miedo. ¿Por qué? Yo tengo una teoría: no se han lanzado todavía hacia sus objetivos principales, que no sé cuáles son pero que me temo que van a ser muy lesivos hacia el pueblo y muy beneficiosos para las élites. Estas nuevas medidas que tomarán, unas impuestas por Bruselas —las menos—, y otras impuestas por su propia ideología no democrática —las más—, podrían provocar que el pueblo se rebelara. Ante esto, el PP quiere ponerse la venda antes que hacerse una herida.

Los derechos de manifestación y reunión están en peligro con estos dirigentes ultraconservadores, herederos del Movimiento Nacional franquista. Desde las altas instancias del partido se pide que se «modulen» estos derechos, tal y como se pretende con la Ley de Seguridad Ciudadana y que se limiten estos derechos fundamentales. Lo último lo tenemos en el grupo de estudio que pretende que no se realicen manifestaciones en un punto simbólico de España como es la Puerta del Sol porque afecta a la actividad económica. De nuevo el PP priorizando la economía, sobre todo la de El Corte Inglés, a los derechos de los españoles. ¿Qué hay más democrático que la protesta ciudadana pacífica? Sin embargo, el Partido Popular está legislando para que esa legítima protesta, que es una manera de expresar la legítima defensa ante medidas miserables por parte del poder, no se produzca. Ya se encargan desde sus medios de propaganda mediática de ocultar todo lo que pueden el descontento social.

Relacionado con lo anterior está la posible restricción o eliminación del derecho de huelga de los trabajadores. El éxito de la huelga de los empleados de la limpieza de Madrid abrió un camino que el PP no quiere que se abra. Los barrenderos mostraron que la lucha obrera da resultados y esto no lo pueden permitir quienes repudian todo lo relacionado con los derechos de los trabajadores. Mariano Rajoy y su partido quieren imponer unas condiciones de precariedad laboral y salarial que hagan que los trabajadores, con tal de no perder su empleo, acepten cualquier cosa. Los barrenderos de Madrid mostraron que no es así. Rajoy dijo que había que regular los servicios mínimos y su cumplimiento. No obstante, ¿cómo puede lucharse contra los abusos de empresarios y administraciones públicas si se imponen unos servicios mínimos del 75%? Eso sí que es un abuso y, como es injusto, es lícito que los trabajadores no cumplan dichos servicios mínimos. Rajoy quiere evitar que los trabajadores se rebelen modulando el derecho de huelga que, en el lenguaje eufemístico del PP, será una restricción del mismo o una derogación encubierta.

Rajoy, jaleado por sus mamporreros mediáticos, está creando un estado policial que amordace la protesta de los ciudadanos ante lo que va a venir que será bastante peor que lo que hemos sufrido durante los dos primeros años de gobierno ultraconservador. Rajoy es el responsable de la vuelta a la represión franquista, a las carreras de los grises y a los abusos y las palizas. Y, para rematar el paisaje, ya solo faltaban las meonas, tal y como ocurría en el franquismo. Para la represión sí hay dinero, mientras que para la protección de los ciudadanos víctimas de la crisis generada por los protegidos del PP sólo hay recortes. ¿Qué será lo próximo? ¿Instaurarán de nuevo el TOP? Con Rajoy todo es posible.

Respecto a la libertad de expresión, libertad que se sustancia en la existencia de una prensa libre, estamos asistiendo a la polarización hacia la derecha o la extrema derecha del mapa mediático. Una de las funciones fundamentales de la prensa y de los periodistas es la visión crítica y el control del poder. En este país ocurre todo lo contrario, ya que cuando gobierna el Partido Popular la gran mayoría de la prensa tradicional se convierte en una asociación de mamporreros del poder y en palmeros baratos de la mentira y la propaganda genovesa. La prensa escrita, tras la deriva de *El País* hacia la defensa de Rajoy y de la derecha por sus dificultades económicas y para refinanciar su deuda, está totalmente escorada hacia las posiciones ultraconservadoras que representa el PP. No hay crítica, no hay búsqueda de puntos de vista diferentes ni control de los desmanes del partido ultraconservador español. La actitud de *El País* y otros medios de Prisa y su connivencia o espíritu *soft-light* con las medidas de Mariano Rajoy han convertido a la cabecera en un mal sucedáneo de *El Mundo* o *ABC*. Por tanto, en este país los ciudadanos no disponemos de un medio de comunicación tradicional con tendencia de centro-izquierda. El resto es mejor no mencionarlos por su ideología ultraconservadora o ultraliberal, salvo por los escarceos del diario *El Mundo* de ataque al PP por medio de las revelaciones de Luis Bárcenas que vienen como una venganza personal de su director hacia Mariano Rajoy, que se han convertido en el órgano oficial de propaganda del Régimen Genovés, tal y como ocurría en otras épocas con cabeceras como *El Alcázar, Arriba* o *Informaciones*. España es el país donde los periodistas críticos con el poder acaban en el paro y donde se pagan las lealtades. Sin embargo, estos periodistas críticos, conocedores de la verdadera función del periodismo se han lanzado a la creación de medios digitales que son los que dan una visión más cercana a la realidad de lo que está ocurriendo en este país, de lo que pretende el gobierno que alcanzó el poder con engaños y que se mantiene en el mismo gracias a la mentira y la infamia. No obstante, esta prensa no tiene la difusión que merecería. Un ejemplo lo hemos visto con las revelaciones de los trapicheos de Blesa y Aznar con una empresa de fabricación de armas o con la difusión de los correos de Blesa. Ni una sola mención en los medios tradicionales de un asunto que es tan serio como turbio. Otra patada a la libertad de expresión y la libertad de prensa la tenemos en la imposición de Moncloa de los periodistas que van a hacer las preguntas a Mariano Rajoy en sus comparecencias. ¿Quién las hará? Evidentemente no un redactor de *eldiario.es, elplural.com, infolibre.es o Diario Progresista*. Esas preguntas, enviadas preventivamente por Moncloa a la redacción del medio en cuestión, serán realizadas por redactores de *ABC, La Razón, Intereconomía, El Mundo o 13TV*. Otro ejemplo del desprecio del Partido Popular a una prensa libre y a la libertad de expresión lo tuvimos en la visita de Mariano Rajoy a Barack Obama al negarle el paso a la rueda de prensa conjunta a aquellos medios que no son afines al Régimen. Se quedaron fuera medios tan importantes como la *Cadena Ser, El Mundo* o *La Sexta,* permitiendo la entrada a medios afines como *La Razón* que no suele acompañar al presidente en todos sus desplazamientos. El hecho de que a *El País* le permitieran el acceso denota el giro hacia la derecha de este periódico. No querían que hubiera preguntas incómodas y que sólo se diera la impresión de que la prensa estaba en la línea de la farsa de la recuperación española. Todo lo anterior por no hablar de la intromisión en las redacciones por parte del PP. Vemos cómo se destituye a directores sólo porque son incómodos al Régimen.

En este punto me voy a extender un poco más, dado que la libertad de expresión es uno de los derechos fundamentales en cualquier democracia. Teniendo en cuenta que para el Partido Popular esa libertad de expresión es incómoda puesto que ellos sólo entienden la aquiescencia total y la sumisión a sus medidas y teniendo en cuenta que los ultraconservadores españoles ven el papel de la prensa como un órgano de propaganda de sus medidas, tal y como haría cualquier régimen autoritario, existe una confusión entre la libertad de prensa y la manipulación.

Antes de empezar esta reflexión quiero dejar claro que la intención de este apartado no es acusar de nazismo a nadie. Este autor no es, primero, tan simple de razonamientos como María Dolores de Cospedal y, segundo, tiene un conocimiento del lenguaje y del significado real de las palabras que le hace poder discernir perfectamente de lo que significa realmente el nazismo de la realidad actual. Por tanto, todo lo que aparecerá en las líneas siguientes no es una acusación de nazismo al Partido Popular y los panfletos mediáticos que les cobijan, simplemente es la constatación de que se están utilizando desde el partido que gobierna España por medio de los sistemas de comunicación implantados por Joseph Goebbels como método de propaganda. Este sistema está conformado por 11 puntos y el Partido Popular y sus palmeros de los medios de comunicación los utilizan para lanzar su propaganda y manipular la realidad. Haremos un análisis de los mismos con ejemplos de la estrategia propagandística del PP.

1.- Principio de simplificación y del enemigo único.

Este principio está basado en la adopción de una idea única individualizando al adversario político en un único enemigo. En el caso del gobierno del PP tenemos varios ejemplos, pero el más importante es la adopción como idea única el cumplimiento de los objetivos de déficit como primera prioridad y que todas las medidas adoptadas, independientemente del daño que hacen a la ciudadanía, están orientadas a cumplir esos objetivos que, para quitarse responsabilidad, nos ponen desde la Troika. Todo aquel que se opone a estas medidas es el enemigo por el antipatriotismo de sus reivindicaciones. El bien del país lo defienden ellos, el resto quiere hundir al país.

2.- Principio del método de contagio.

La unificación en un solo ente a todos los adversarios es lo que marca la filosofía de este principio. El actual gobierno del PP, incluso el ejecutivo de José María Aznar, lo aplica según los intereses. El enemigo pueden ser los sindicatos, el PSOE o los partidos de izquierda, los ciudadanos, la PAH, los médicos, los profesores, los parados. Esta simplificación en un solo enemigo provoca que el lanzamiento de la propaganda hacia estos entes creados por el ideario de la derecha haga más fácil realizar campañas mediáticas a través de sus panfletos diarios o de las cadenas de televisión amigas que emiten programas de debate monográficos cogiendo a uno de estos enemigos para machacarlos con argumentos reales o falsos, con informaciones reales o inventadas. El ejemplo lo tuvimos en la PAH o en la criminalización de profesores y médicos que legítimamente piden que se pare el atentado contra los derechos a la educación o a la sanidad que otorga la Constitución Española. El acoso de medios panfletarios como *ABC, La Razón, Intereconomía* o *13TV* a Ada Colau, como la representante de los enemigos de su régimen fue casi vomitivo, pero llega a su electorado o a gente sin mentalidad de análisis político.

3.- Principio de la transposición

El reproche de los propios errores respondiendo al ataque por el ataque. Así se define este principio. ¿No les suena? Es lo que lleva haciendo el PP respecto a la nefasta gestión de la crisis del gobierno de Rodríguez Zapatero. Cualquier argumento que el PSOE lanza al Gobierno de Rajoy respecto a su gestión económica de la crisis económica es respondido con la «Herencia Recibida». Todo tiene su origen en el gobierno anterior. El PP ganó las elecciones gracias a un fraude electoral por culpa del PSOE; el paro sube por la herencia recibida; hay desahucios por culpa de Rodríguez Zapatero; el gobierno es incapaz de salir de la crisis por culpa de la herencia recibida; los españoles se marchan del país por culpa del gobierno anterior. Ellos no tienen culpa de nada. Son supervivientes y gobiernan como gobiernan porque el PSOE tiene la culpa. Bárcenas es un emprendedor y el PP se financió legalmente mientras que el PSOE fue condenado por el caso Filesa, no mencionando su caso Naseiro. Y así hasta el infinito. Además, todos estos argumentos de la derecha española vienen acompañados de un aparato mediático y panfletario que llega a la gente.

4.- Principio de la exageración y desfiguración.

Las más pequeñas anécdotas, las reivindicaciones del adversario o los aciertos de éste deben ser convertidas en graves amenazas al sistema. El Partido Popular y la derecha mediática realzan cualquier hecho o cualquier iniciativa como una amenaza para el país. Un ejemplo lo encontramos en las iniciativas ciudadanas o las reivindicaciones de los colectivos contra los recortes. *La dación en pago provocaría que los bancos dejaran de dar hipotecas.* Ahí lo tenemos, y sobre eso centran su discurso y la campaña mediática contra la ILP de la PAH, apoyada, eso sí por más de un millón de españoles y por el 95% de los mismos. Igual lo vemos en la Ley de la Junta de Andalucía sobre vivienda para proteger a los ciudadanos de los desahucios, ley que fue paralizada por el Tribunal Constitucional en aras de la prevención de la sacrosanta banca, del sector sistémico que no se puede tocar. Lo mismo está ocurriendo con el hachazo al sistema de pensiones. *Si lo hacemos por vuestro bien,* ya que si no os bajamos las pensiones no habrá dinero para seguir pagándolas. Por cierto, este hachazo a los pensionistas es un reconocimiento intrínseco del fracaso de sus políticas, ya que dan por hecho que no se va a generar más empleo que equilibre el desequilibrado sistema de cotización.

5.- Principio de la vulgarización.

Cuanto más vulgar sea el mensaje, a más gente llega. Ideas sencillas repetidas muchas veces llegan a la masa con más facilidad que mensajes complejos. Vulgar es sinónimo de sencillo. La derecha busca con esta vulgarización, por ejemplo, que sus casos de corrupción sean mimetizados con la desafección política. *Todos son iguales.* Esto a la derecha les da igual. Lo importante es mantenerse en el poder. Esta táctica de vulgarización del mensaje la utilizaron mientras estaban en la oposición. Ahí tenemos el famoso *que se caiga España, que nosotros lo levantaremos*, o el *pandilla de inútiles, estáis destrozando España,* de Cristóbal Montoro. Ahí tenemos el programa falso del Partido Popular. Mensajes sencillos para que el pueblo ahogado por la crisis económica les diera su confianza en las Elecciones Generales.

6.- Principio de la orquestación

Si una mentira se repite insistentemente el pueblo la tomará como una verdad. ¿Les suena? Esto es algo que hace el Partido Popular desde antes de llegar al poder. Sus sistemas de oposición, basados en la propaganda, y sin ningún tipo de escrúpulos hacían que se lanzaran mensajes que luego han resultado falsos, pero que calaron tanto en la ciudadanía que consiguieron ganar las elecciones con mayoría absoluta. Todo lo referido a su gestión de la crisis económica es un argumentario de mentiras que repiten como papagayos todos y cada uno de los ministros y de los dirigentes ultraconservadores. Frases como *este será el último año de la crisis. Este es el último año de recesión. Ya se ve la luz al final del túnel. España está en la senda de la finalización de la destrucción de empleo. España ha salido de la crisis. Bárcenas es un delincuente que nos ha engañado.* ¿Les suenan, verdad? Repetir una mentira insistentemente para hacer que la idea cale en la ciudadanía y les crean. El problema es que el Partido Popular se ha convertido en una fábrica descontrolada de generar mentiras y la ciudadanía ya no es idiota. Sabemos que nos están mintiendo. Lo grave es que se han acostumbrado tanto a lanzar esas consignas mentirosas que lo hacen incluso en los foros internacionales, destrozando esa ficción que el gobierno llamó Marca España. Los voceros panfletarios se unen a ese coro del gobierno y lanzan portadas espectaculares con estas mentiras con el fin de conseguir que el mensaje embustero cale y el descontento del pueblo baje. Lo que no saben es que sólo calan en los convencidos.

7.- Principio de renovación

Este principio se basa en la generación de nuevos mensajes con la idea de que las contra argumentaciones de los adversarios queden desfasadas. El gobierno de Mariano Rajoy lo intenta con la creación de cortinas de humo, como lo ocurrido con Gibraltar el pasado verano, con los escraches de la PAH desviando la atención del verdadero problema, o con la aspiración independentista de Catalunya. Lo mismo ocurre con la corrupción del PP. Cada información nueva sobre los papeles de Bárcenas es respondido con una nueva información o una nueva imputación por parte de la jueza Alaya en el caso de los ERE's de Andalucía. Nuevos argumentos para desviar la atención respecto del verdadero problema.

8.- Principio de verosimilitud

Con este principio los temas más problemáticos son acompañados de medias verdades o mentiras con el fin de justificar la solución que se quiere dar al problema. Este hecho lo tenemos reflejado en la información que daba la Comunidad de Madrid respecto a la privatización de la sanidad pública y a los efectos de la Reforma Laboral. En el primero de los casos, el ex consejero Lasquetty presenta su modelo privatizador con una cifra de ahorro respecto al actual modelo de gestión de la sanidad. Esa cifra no la apoya en ningún documento, ya que simplemente la cita poniendo como ejemplos otros servicios sanitarios de otras Comunidades Autónomas que lo hacen así y ponderando su éxito, ocultando, eso sí, que las empresas adjudicatarias en muchos casos han tenido que devolver la gestión a la Administración o que derivan los casos más caros a los hospitales aún gestionados al 100% con fondos públicos. Respecto a la Reforma Laboral y sus efectos negativos en el empleo, la presunta ministra de Empleo, Fátima Báñez, no hace más que repetir como un mantra (Principio de Orquestación) que su Reforma Laboral ha conseguido evitar 225.000 despidos. No se apoya en ningún dato ni en ninguna estadística, pero como lo repite con tanta insistencia hay gente que se lo cree. A todo esto, el gobierno ultraconservador tiene el apoyo de su red de panfletos que lanzan estos mensajes y los utilizan como arma arrojadiza contra quienes aún tienen raciocinio suficiente para darse cuenta de que la ciudadanía está siendo manipulada con esta propaganda.

9.- Principio de la silenciación

Como su nombre indica la propagada tiene que ocultar todo aquello que pueda ser peligroso para lograr los fines últimos y, si no fuera posible, inventar argumentos que reviertan la situación. Silenciar y

Partido Popular es casi un sinónimo, sobre todo si a esos dos conceptos se une el nombre Bárcenas. Este es el ejemplo más claro. Desde todos los panfletos del Movimiento se ha querido silenciar la cruda realidad: el Partido Popular se financió ilegalmente convirtiendo las donaciones en mordidas para la adjudicación de servicios y obras públicas tanto a nivel estatal como a nivel autonómico; los principales dirigentes del PP han cobrado sobresueldos en efectivo que vulneran la legislación; Bárcenas se enriqueció gracias a la sisa de esas mordidas; y un largo etc. Desde el nuevo NO-DO de Prado del Rey se oculta esta realidad y se enfrenta con mensajes positivos sobre la presunta mejora de la economía. Bárcenas frente a la mejora económica. Utilización de una mentira para luchar contra una realidad negativa. Este principio de propaganda ha calado tanto que el PP ha echado mano del mismo para paralizar el Parlamento y evitar que Mariano Rajoy dé la cara para explicar sus propias mentiras. Silenciar, intentar tapar, que no se sepa más de lo necesario y que cale el mensaje de que, mientras unos se dedican a rebuscar en su mierda, Mariano Rajoy está entregado a la salida de la crisis, salida que, según ellos y sus voceros panfletarios, está cada vez más cerca cuando la realidad nos la aleja.

10.- Principio de transfusión

Aquí la propaganda debe ir orientada hacia modelos o ideas que están muy arraigadas en la ciudadanía. Un ejemplo muy claro: Gibraltar. La reivindicación de la soberanía sobre el Peñón es una de esas espinas que a muchos españoles les duele como si le hubieran matado a la madre. Los hay incluso que sienten su españolismo amputado, como si les faltara un brazo o una pierna. El pasado verano lo vimos en la cortina de humo que creó el PP respecto a Gibraltar. Todo el mundo sabe lo que es Gibraltar respecto al blanqueo de dinero, al contrabando de tabaco y a otras muchas cosas. ¿Por qué precisamente este verano? La respuesta se resume en una palabra: Bárcenas. Los nuevos datos aportados por el ex tesorero del Partido Popular ponían tanto a Rajoy como a su partido en una situación muy difícil. Sospechoso de corrupción y de permitir la financiación ilegal del partido, Rajoy tuvo que tirar del manido *Gibraltar Español* para que la atención se desviara hacia otro lado, utilizando los sentimientos patrióticos del españolito de a pie.

11.- Principio de unanimidad

Esto lo tenemos en la propia actitud del gobierno y de los principales ultraconservadores. El todos a una propio del partido de la derecha española es lo que fundamenta este principio de propaganda: intentar dar sensación de verosimilitud o de estar en posesión de la verdad generando una impresión de unanimidad. Una idea defendida por mucha gente da impresión de verosimilitud, aunque sea una gran mentira. Esto es lo que hace el gobierno de Mariano Rajoy, defender sus argumentos casi utilizando las mismas palabras para crear ese efecto y que cale en los ciudadanos. Además, con la ventaja de estar apoyada por los altavoces de los voceros mediáticos que no se salen del argumentario dictado desde Génova 13.

Como se puede ver, todo es propaganda en este gobierno, apoyándose en los principios gestados en la mente de Joseph Goebbels, uno de los propagandistas que llevó a Adolph Hitler al poder con mentiras y medias verdades. Está claro que el Partido Popular no es un partido nazi, aunque en ocasiones tolere a sus militantes saludos y apología del fascismo, pero que sigue el guión marcado por uno de los pocos dirigentes nazis que unió su destino y el de su familia al del Führer suicidándose en el búnker de Berlín a la hora de gestionar su comunicación es una certeza, una peligrosa certeza.

X

LOS DERECHOS DE LAS MUJERES

Los derechos de las mujeres son atacados constantemente por parte de los partidos de ultraderecha, como el Partido Popular u organizaciones religiosas de carácter medieval como es la Iglesia Católica. En España la unión del pensamiento ultraconservador con el pensamiento ultracatólico suele ser constante. Lo vimos con el apoyo de la Iglesia al Alzamiento Nacional de Franco que llevó a España a 40 años de dictadura fascista. Lo hemos visto en el tufo fundamentalista de la reforma de la educación. Le estamos viendo con el Anteproyecto de Ley para reformar el aborto. Lo estamos viendo con las medidas tomadas contra las mujeres por el Ministerio de Sanidad, como la reducción de los métodos anticonceptivos o la eliminación de la posibilidad de los tratamientos de fertilidad a las mujeres solteras o lesbianas, mujeres a las que se les retira este derecho porque por decisión propia no precisan de varón para quedar embarazadas.

Hemos visto cómo se ha comparado un derecho de la mujer al terrorismo de ETA por parte de un ministro. Hemos visto cómo a quienes reivindicamos los derechos de las mujeres como intocables se nos ha calificado de rancios. La mujer para el Partido Popular es un elemento de segunda dentro de la sociedad. No creen en la igualdad con el hombre, igualdad que, por cierto, su tan idolatrado Jesucristo afirma que es un pilar básico de su doctrina. El partido ultraconservador español quiere que la mujer vuelva a los niveles de sumisión al hombre y de minoría de edad eterna a la que estaba sometida durante el franquismo. Desde la Fundación de José María Aznar, FAES, la Fundación que es el pilar ideológico del Partido Popular, se ha llegado incluso a culpar al acceso de las mujeres al mercado laboral de ser una de las causas de la lenta recuperación económica y de la destrucción del Estado del Bienestar, proponiendo como una solución para lograr una caída del desempleo el retorno de las mujeres al hogar y a la sumisión al marido. Lo más grave es que muchas de estas propuestas o de estas medidas vejatorias vienen desde el sector femenino del Partido Popular. Mujeres con un pensamiento machista, lo cual es tan peligroso como un traidor.

¿Se imaginan ustedes que un kurdo votara a favor del exterminio de los de su raza por parte de Sadam

Hussein? ¿Se imaginan ustedes a un comunista chileno votando a favor de Pinochet? ¿Se imaginan ustedes a un refugiado tutsi votando en favor del genocidio en Ruanda por parte de los hutus? ¿Se imaginan ustedes a un demócrata español votando a favor de Falange Española? Sería absurdo, ¿verdad? El tema sería surrealista y cruel. Eso es lo que ocurrió en el Congreso de los Diputados con las mujeres del Partido Popular que votaron en contra de la retirada de la Ley del Aborto de Rajoy y del PP. Ya no es la Ley de Gallardón, es la Ley de todo el PP, tal y como se demostró en dicha votación.

Es totalmente ilógico lo que ocurrió. Cualquier persona de bien debería estar escandalizada. Mujeres votando en contra de los derechos de las mujeres, de sus propios derechos. ¿Acaso estas mujeres están más cómodas con una vuelta a los años del franquismo donde la mujer no era más que un sujeto de segunda categoría, sumisa a los designios de los hombres, eternamente menor de edad y sin ningún tipo de derecho ni libertad? Parece que sí. Durante el franquismo la mujer estaba relegada a un segundo escalón dentro de la escala de derechos. Parece que esas mujeres del Partido Popular anteponen su propio fundamentalismo ideológico a los derechos que la lucha de muchas consiguieron conquistar. Siempre se ha dicho que una mujer machista es peor que el más convencido de los hombres machistas. El ejemplo lo tuvimos en el Parlamento. Mujeres que aplaudían con crueldad y sin disimulo la supresión de derechos que la Ley del Aborto de Mariano Rajoy va a imponer. La foto de mujeres del PP en pie en su escaño aplaudiendo como hoolingans es para hacer reflexionar a muchos y, sobre todo, a muchas.

¿Qué logran esas mujeres con su desprecio a sus propios derechos? Mantenerse en el escaño, no hay más. Anteponer el fundamentalismo católico que impera en su ideología a sus derechos es cruel, es infame, es vomitivo. Lo que quedó claro ayer es que esas mujeres quieren volver a su minoría de edad. Su propio machismo les impone que sean hombres quienes decidan sobre su maternidad. La propia incultura democrática de estas mujeres les hace estar ciegas ante la evidencia de que es la mujer quien tiene que decidir sobre su maternidad y no una ley injusta, miserable y cruel, una ley que viene determinada por las presiones de sectores fundamentalistas que anteponen los presuntos derechos de una célula en formación a los de un ser vivo. Son los mismos que defienden que una mujer embarazada con riesgo de su vida muera antes de abortar.

Da la sensación que existe un odio oculto en el PP hacia todo lo que representa igualdad de derechos entre hombres y mujeres, por no hablar del odio no tan oculto hacia el colectivo LGTB. Ese fundamentalismo del Partido Popular hacia la igualdad de derechos lo vemos también en los continuos atentados hacia las mujeres por parte de otra mujer, de Ana Mato, la Ministra de Sanidad.

Los atentados de Ana Mato contra las mujeres son constantes y en asuntos tan graves como la violencia de género, al querer cambiar el sistema de registrar los casos de terrorismo machista al incluir en las estadísticas a las mujeres que pasan más de 24 horas ingresadas en un hospital. Esto es un apoyo del Partido Popular a los maltratadores. Es lógico, teniendo en cuenta la visión de superioridad del hombre sobre la mujer y la justificación de la violencia. Esta medida es un insulto y una provocación. Quiero recordar que en el mes de junio hubo un repunte de casos de terrorismo machista y la ministra no lo condenó. ¿Por qué? Porque su silencio justifica dicha violencia machista. Será que ella misma es una mujer machista.

Otro atentado contra los derechos de la mujer es la retirada de la cobertura del Sistema Nacional de Salud de los anticonceptivos más modernos, de las píldoras que garantizan a la mujer tener una sexualidad libre sin miedos a un embarazo no deseado. Pero claro, Ana Mato es defensora a ultranza del Método Ongino. Sólo se folla cuando la mujer está en su época no fértil dentro del ciclo de ovulación. A esta eliminación de los anticonceptivos protegidos por el SNS se une la derogación del derecho a abortar de las mujeres que su compañero de Ejecutivo, el troglodita Ruiz Gallardón, ha aprobado en Consejo de Ministros. Se sigue la lógica nacionalcatólica para las mujeres que practican y disfrutan libremente de su sexualidad, dentro o fuera de una pareja estable: *si follas y te preñan, te jodes y te aguantas, haber practicado la santa castidad.*

Otro atentado contra las mujeres por parte del PP es la medida para que la Seguridad Social cubra los tratamientos de reproducción asistida a las mujeres que convivan en pareja heterosexual, dejando fuera a aquellas mujeres que libremente deciden ser madres independientemente de si son heterosexuales, solteras o lesbianas. ¿Quién coño es Ana Mato para decidir qué mujeres pueden tener acceso a su maternidad? ¿Qué tiene que ver su situación afectiva o su orientación sexual para negar el acceso a la maternidad? La ministra dijo que *la falta de varón no es un problema médico.* Es decir, que a partir de ahora, las mujeres que quieran se madres tendrán que pasar por el catre, quieran o no quieran. Dentro de la mentalidad nacionalcatólica de Ana Mato y de las mujeres del PP los tratamientos de reproducción asistida son un atentado a la naturaleza. Para ellas deberían estar prohibidos porque no ha sido Dios quien ha obrado el milagro de la procreación. Sin embargo, eliminar el acceso a solteras y lesbianas a los tratamientos de reproducción asistida es una contradicción a su propio modo ya que niegan la creación de nonatos, de esas células que tienen más derechos que las mujeres.

Que Gallardón sea un machista y se haya quitado la careta de progresía que mostró mientras era alcalde o Presidente de la Comunidad de Madrid entra dentro de la lógica. Lo que no entra dentro de la lógica es que desde el sector femenino del Partido Popular se sea aún más machista. Mujeres luchando contra los derechos de las mujeres. Mujeres aplaudiendo que gracias a la Ley del Aborto de Mariano Rajoy y el PP dejarán de ser libres para decidir sobre algo que es tan suyo como la maternidad. Las mujeres del Partido Popular son fundamentalistas y en el Congreso lo demostraron.

Como se ha visto en todo lo expuesto anteriormente el ataque a las mujeres es constante por parte de la derecha española. El hecho que lo demuestra es la Reforma de la Ley del Aborto que quieren imponer contra la gran mayoría de la opinión de los españoles. En este anteproyecto el Partido Popular quiere retornar a los tiempos en los que las mujeres tenían que marchar al extranjero para poder interrumpir un embarazo no deseado o cuando dicho embarazo suponía un riesgo para su propia vida. Esto lo podían hacer las adineradas porque las humildes y sin recursos se jugaban la vida en clínicas clandestinas o en la mesa de una cocina, cuando no tuvieran que recurrir a sistemas tan arriesgados como la punción del útero con agujas de tejer. Parece que el Partido Popular quiera que se vuelva a una situación donde muchas mujeres morían desangradas por hacer lo que por derecho tienen reconocido: la libertad de elección ante un embarazo.

Según Alberto Ruiz Gallardón el aborto no se puede convertir en un derecho para las mujeres cuando quien tiene todos los derechos es el no nacido. Este personaje tiene la desvergüenza de afirmar que no se puede anteponer el derecho de la madre al derecho a la vida del nonato. ¿Está reconocido el derecho a la vida para una célula parasitaria? Si reconociéramos ese derecho a una célula, ¿no se estaría cometiendo un genocidio cada vez que nos emborrachamos, cuando por los efectos del alcohol mueren miles de neuronas? Esta imposición de los derechos de una célula a los derechos de la mujer es una de las reivindicaciones de la Iglesia Católica y de asociaciones fundamentalistas denominadas Pro-Vida, organizaciones que prefieren que muera la madre antes que practicar un aborto argumentando lo mismo que argumentaban los cruzados: *¡Dios lo quiere!* Estos fanáticos son los mismos que se alegran de que la Guardia Civil lance pelotas de goma contra inmigrantes ilegales porque, claro, estos ya han nacido. Son los mismos que piden a quienes defendemos el verdadero derecho a la vida acojamos a los inmigrantes, al igual que lo pide la extrema derecha europea.

El Partido Popular tiene la desvergüenza de afirmar que era una de sus promesas electorales y que tienen la obligación moral de cumplirla. La única promesa que va a cumplir Mariano Rajoy de su programa electoral es el referido a la anulación del derecho al aborto de las mujeres. Además, en el articulado de su programa no se hacía referencia a lo que se quiere legislar. Si se hubiera explicado lo que realmente tenían pensado imponer a las mujeres habrían perdido votos. En el programa del PP sólo se dedicaban 23 palabras a esta reforma pero con un lenguaje tan ambiguo que daba pie a cualquier interpretación. Mariano Rajoy en la campaña afirmó que de la ley que se aprobó en el gobierno socialista se eliminaría la posibilidad de que las menores de edad abortaran sin informar a sus progenitores. La ley socialista, por cierto, se convirtió en referencia para muchos países del mundo en materia de respeto a los derechos de las mujeres y puso a España en la vanguardia en la defensa de aquéllos. Las presiones recibidas por parte de los sectores más fundamentalistas del PP, de la Iglesia Católica y de las asociaciones Pro-Vida hicieron que la ambigüedad del programa electoral se llevara a efecto en su versión más restrictiva, llevando la ley hacia una situación anterior a la Ley de 1985.

Alberto Ruiz Gallardón tiene la desvergüenza de afirmar que nuestro entorno europeo va en la misma dirección que su ley. Veamos cómo miente como un bellaco remontándonos a la aprobación de la ley vigente, la llamada Ley Aído. Esta norma modificaba la anterior ley de supuestos por una ley de plazos, sistema que es el aplicado en prácticamente la totalidad de países de nuestro entorno y en los países más avanzados del mundo. España es, actualmente, uno de las referencias en el respeto del derecho de la mujer a decidir sobre su maternidad al mantener en vigor una legislación que permite el aborto libre hasta las 22 semanas de embarazo. La reforma de Mariano Rajoy deja a España al nivel de las retrógradas Irlanda y Polonia, naciones que tienen una presión muy fuerte de los colectivos medievales católicos. La reforma de Mariano Rajoy iguala a España a los países latinoamericanos que tienen la presión, no sólo de la caverna católica, sino también de las iglesias evangélicas que, en algunos aspectos, son más radicales que la propia Iglesia Católica.

¿Por qué el Partido Popular legisla contra los derechos de las mujeres? ¿Qué tiene en contra de la igualdad de género el PP? En primer lugar, su propia ideología va en contra de esta igualdad por sus influencias católicas. Quiero recordar que la Iglesia Católica es el ejemplo más claro de mantenimiento de modos medievales respecto al papel de la mujer en su institución. Lo vemos en la defensa que hizo del Anteproyecto de la Ley del Aborto de Rajoy la diputada Marta Torrado al afirmar que quienes se oponen a la derogación del derecho a decidir sobre su maternidad de las mujeres practican un *feminismo rancio*, o que las mujeres del PP no son menos modernas por apoyar este despropósito de ley. Confunden los términos. No se trata de ser más o menos moderno, sino de defender un derecho que tiene cualquier mujer a decidir si quiere o no quiere ser madre. Dentro del mensaje del Partido Popular subyace el mensaje de afirmar que *si no quieres un embarazo, no folles,* tal y como mantiene la Santa Madre Iglesia como método anticonceptivo, el famoso *Redoxon*. En la ideología del partido ultraconservador español se halla implícita el reconocimiento de la inferioridad de la mujer respecto al hombre, el reconocimiento de la incapacidad respecto al hombre (el propio PP pone claros ejemplos de ello al dar puestos de responsabilidad a Ana Mato o a Fátima Báñez que están orgullosas de su inutilidad), el reconocimiento de que la mujer debe estar sometida al hombre tal y como pide la Iglesia Católica.

En segundo lugar, el Partido Popular legisla contra los derechos de las mujeres por recuperar un rédito electoral en su masa de simpatizantes más fundamentalistas. La fuga de votantes por su derecha hacia partidos como VOX o la negativa de las víctimas del terrorismo a seguir siendo utilizadas electoralmente, como hasta ahora venía haciendo el PP, tras la sentencia del Tribunal de Derechos Humanos que derogó la Doctrina Parot y propició que muchos terroristas salieran de la cárcel, hacía necesario que el gobierno legislara para recuperar parte de los votantes que se iban por esa brecha. Eligieron como víctima a las mujeres y a esos derechos que tanto desprecian. Es vil y cobarde querer derogar derechos con fines electoralistas, pero el Partido Popular ya ha demostrado que sólo cree en la democracia cuando se acercan las elecciones ya que para ellos la democracia se sustancia en una competición. Una vez alcanzado el poder se olvidan del espíritu democrático y gobiernan de manera autoritaria que se acerca mucho a los modos utilizados por cualquier dictadura.

El mundo de la derecha y su propia genética ideológica provoca que las medidas que toman vayan en contra de los derechos de la mujer y lo más grave es que sean las propias mujeres del PP quienes lo permitan.

XI

CORRUPCIÓN Y FINANCIACIÓN ILEGAL[1]

Espaaña es un país donde siempre ha habido corrupción política. La gran mayoría de los ciudadanos piensa que los políticos están ahí para forrarse. Sin embargo, esto no es así. Hay muchos más políticos honrados que corruptos, pero éstos hacen mucho más ruido que aquéllos. El Partido Popular es el campeón de la corrupción en España. Sus desmanes económicos, sus tratos de favor a empresas afines, su financiación ilegal a través de dinero negro, los millones de euros depositados en Suiza dan a entender que existe un presunto entramado económico de dinero público que favorece al Partido Popular. Todo este entramado se sustancia en dos nombres: Gürtel y Bárcenas.

No me quiero ni imaginar lo que ocurriría en este país si la corrupción de dirigentes del Partido Popular hubiera tenido como protagonistas a dirigentes de la

---

[1] Todo este capítulo queda enmarcado dentro de la presunción de inocencia. Cualquier referencia absoluta lleva implícita dicha presunción

izquierda, ya sean socialistas o comunistas. El grupo de medios de comunicación mamporreros de la derecha, el órgano de propaganda del PP, se hubieran lanzado como cocodrilos a una campaña de acoso y derribo al partido correspondiente. Lo estamos viendo con el caso de los ERE de Andalucía —caso de corrupción que desprecio y repruebo de igual manera que la Gürtel o los papeles de Bárcenas— o como la campaña de ataque constante contra los sindicatos. Sin embargo, no es el mismo tipo de corrupción, dado que los ERE de Andalucía desviaba fondos de los parados hacia personas físicas y jurídicas concretas que están imputados. En la corrupción que afecta al PP es diferente y más miserable, si se quiere, dado que los fondos públicos utilizados para favorecer a empresas afines tenían contrapartidas a la hora de la concesión de contratos públicos, contratos pagados con mi dinero y con el de usted.

La trama Gürtel es el mayor escándalo de corrupción política de la democracia española. El entramado organizado por Francisco Correa y sus socios sobornaba a cargos públicos y políticos del Partido Popular con dinero y regalos de alto coste con el fin de conseguir adjudicaciones de licitaciones públicas y de eventos del propio partido. Estos sobornos son de todo tipo, desde grandes cantidades de dinero en metálico, hasta regalos de lo más variopinto: trajes, bolsos, viajes, coches, relojes, joyas o televisiones de plasma. El sistema de Correa se extiende a los principales bastiones del PP en España: Valencia, Galicia y la Comunidad de Madrid. Incluso llega a la sede central de la calle Génova de Madrid con la imputación del gerente y tesorero Luis Bárcenas. Esta relación de Bárcenas con la trama comienza levantar sospechas sobre la posible financiación ilegal del Partido Popular.

Ante todas estas sospechas. Ante la catarata de imputaciones de altos cargos del PP, Mariano Rajoy, Presidente del partido cuando estalla el escándalo, afirmó sin ningún tipo de vergüenza que se trataba de un ataque directo al Partido Popular. El tiempo está dando la razón a quienes pensaban que ahí había algo más, que el PP está involucrado en la red porque para que un soborno se produzca el sobornado debe aceptarlo y muchos dirigentes *populares* los aceptaron. En la Comunidad Valenciana la Gürtel se llevó por delante al presidente Camps y a varios de sus hombres de confianza, como Ricardo Costa y Vicente Rambla. Se concedieron contratos a dedo a *Orange Market,* una de las empresas de la trama, troceándolos en paquetes más pequeños para que no hubiera necesidad de anunciar la licitación. Lo mismo ocurrió en la Comunidad de Madrid, tal y como afirma la Policía en uno de los muchos informes remitidos al juez instructor. El hecho de que se fraccionen los contratos no es delito en sí, pero el hecho de que siempre se adjudicaran a las empresas de la trama y el hecho de que se trocearan para que no hubiera competencia para poder adjudicarlos a las empresas de Correa sí que podría ser constitutivo de un delito de prevaricación, el peor delito que puede cometer un político.

Han pasado cinco años desde que saltara el escándalo y ya van más de 180 imputados, 74 de ellos políticos del Partido Popular. ¿Qué ha hecho el PP en este tiempo? Defender a estos imputados e intentar obstaculizar todo lo posible la labor tanto de la Fiscalía Anticorrupción como de los jueces que han instruido la causa. El objetivo del PP era conseguir llevar la Gürtel al sobreseimiento, tal y como hicieron con el anterior caso de financiación ilegal en el que estuvo implicado, el caso Naseiro. El Partido Popular, con esta obstrucción a la justicia pretendía el archivo de la causa buscando cualquier argumento de ingeniería judicial que anulara el proceso, como, por ejemplo, presentarse como acusación cuando en realidad actuaba como defensa de los imputados. Todo lo anterior da a entender que el partido de Mariano Rajoy enmascaraba a aquellos que se habrían lucrado con el dinero público, con aquellos que habrían logrado crear una financiación paralela de su propio partido a todos los niveles, tal y como están demostrando los últimos autos judiciales y los últimos informes de la Policía.

Sin embargo, la verdadera bomba estalló en Génova 13 cuando ya Mariano Rajoy había logrado llegar al poder. En enero de 2013 se conoció que Luis Bárcenas, ex tesorero y ex gerente del PP, además de Senador por Cantabria, había tenido una cantidad de dinero superior a los 22 millones de euros en Suiza. Tras ser imputado en la trama Gürtel, Bárcenas comenzó a vaciar sus cuentas por si eran descubiertas por la Justicia española. Ante este bombazo que haría remover los cimientos de cualquier institución, y mucho más de un partido político, el PP reaccionó como suele hacer: lo negó todo, ellos no sabían nada. Sin embargo, se produjo alguna diferencia respecto al momento en que Mariano Rajoy ponía la mano en el fuego por el ex tesorero: Floriano y De Guindos abrían ya una puerta a que se asuman responsabilidades personales por un comportamiento irresponsable. Se empezaron a conocer más detalles de las maniobras de Bárcenas. Se supo que se había querido acoger a la amnistía fiscal de Montoro a través de un tercero para blanquear parte de los capitales evadidos. Este hecho hace que la sombra de Bárcenas comience a ser incómoda en Génova 13 y, en particular, para Mariano Rajoy.

El PP se va viendo acorralado por cada información que aparece en la prensa y por cada nuevo informe que la Policía entrega al juez instructor. Hay preocupación, mucha preocupación, a pesar de que los dirigentes lancen el mensaje de que se depuren todas las responsabilidades que sean necesarias y que cada cual aguante su vela. Se empiezan a conocer informaciones periodísticas en las que se afirma que en Génova se cobraban retribuciones en B. Comienza un terremoto de declaraciones en las que los dirigentes *populares* quieren demostrar unidad y honradez. Los secretarios generales de los periodos en los que se pagaban los presuntos sobresueldos escurren el bulto con esta negación, pero es clara la inquietud. Tras una declaración de Mariano Rajoy, a quien su táctica de dejar pasar la tempestad porque al final descampa esta vez no le estaba funcionando, en la que manifiesta que no le temblará la mano si se demuestran las acusaciones de cobro de sobresueldos en dinero B y que caerá quien tenga que caer. Lo mismo hace la Secretaria General al retar a que se publiquen los «recibís» por parte de quienes han publicado las noticias. La indignación en la calle y en la clase política va en aumento en la misma proporción de la gravedad de los hechos publicados, junto con el incremento de las sospechas de financiación ilegal del PP, ya que se hablaba de mucho dinero que circulaba en sobres en la sede central del Partido Popular. Comienza a conocerse que Luis Bárcenas, ex tesorero y ex gerente del PP sigue contratado por el partido, manteniendo despacho, salario y secretaria. María Dolores de Cospedal lo negó todo de nuevo en la famosa rueda de prensa donde nos deleitó con su explicación sobre el «finiquito en diferido», todo un ejercicio de opacidad y una sarta de mentiras, teniendo en cuenta que días después se conoció el Informe de Vida Laboral de Bárcenas donde se demuestra que estuvo contratado por el partido ultraconservador hasta el mes de enero de 2013. ¿Por qué seguía Bárcenas en Génova? ¿Había miedo a que una ruptura tajante con el ex tesorero derivara en que éste *cantara* y denunciara lo que estaba ocurriendo realmente con la financiación de la organización? ¿Por eso seguía manteniendo sus privilegios? Las informaciones posteriores dan a entender que algo de eso debía haber, aunque sólo sean sospechas.

A finales del mes de enero el diario *El País* publica unos papeles manuscritos que demostrarían la contabilidad B del Partido Popular desde el año 1990 hasta el año 2009 y el cobro de sobresueldos por los dirigentes *populares,* Mariano Rajoy incluido. Las informaciones periodísticas y la verosimilitud que tanto Policía como el juez instructor hicieron que las sospechas se fueran convirtiendo en certezas. Los dirigentes ultraconservadores se lanzaron en la misma defensa hacia adelante que realiza cualquier mentiroso cuando es pillado en uno de sus embustes: negándolo todo, acusando a los acusadores y amenazando a quienes habían publicado los papeles. Desde las altas esferas de los *populares* se dudó de la veracidad de lo publicado por *El País* afirmando que se trataba de fotocopias que podían ser manipuladas. Meses después el diario *El Mundo* publicó un original que coincidía con lo revelado por el periódico de Prisa. El PP le dio la espalda a Bárcenas al retirarle los abogados pagados por el partido y al llamarle públicamente «delincuente» o «sinvergüenza». Los mismos que antes clamaban por su inocencia pasaron a acusarle. Todos, salvo el Presidente del Gobierno, quien a través de SMS le mandaba ánimos y le pedía fuerza y contención. ¿Qué teme Rajoy de Bárcenas? ¿Acaso sabe que si el ex tesorero tira totalmente de la manta dinamita al Partido Popular? Bárcenas, finalmente, se encuentra en la prisión de Soto del Real y en el PP nadie ha asumido responsabilidades políticas. De momento, Luis Bárcenas mantiene silencio. ¿Hasta cuándo? Sólo él lo sabe.

Desde un punto de vista político el caso Bárcenas y la trama Gürtel demuestran la nula cultura democrática del Partido Popular y su desconocimiento absoluto de lo que se llama responsabilidad al ejercer un cargo público o un cargo político. Es un hecho histórico que durante la dictadura Francisco Franco dejaba hacer a aquellos que habían ofrecido servicios al Movimiento. Aunque conocía perfectamente que muchos de sus dirigentes se estaban lucrando gracias a la corrupción, incluso familiares muy cercanos, Franco hacía la vista gorda. Así comproba su lealtad. Personajes que llegaron a ser propuestos por el dictador para sustituir a Carrero Blanco eran sospechosos de haberse lucrado gracias a actividades corruptas. El comportamiento del Partido Popular en lo referido a la corrupción propia parece que es similar, al fin y al cabo son herederos de quien son. Lo hemos visto en la Comunidad Valenciana, donde desde que gobierna el PP se ha desvalijado impunemente lo que es de todos los valencianos. Las arcas públicas han sufrido el despilfarro de las autoridades tanto de la Generalitat como de los ayuntamientos y ahora lo están sufriendo. No es normal que los valencianos estén sufriendo recortes en los servicios públicos por culpa de la actitud corrupta e irresponsable de los dirigentes *populares*. Esa irresponsabilidad la vemos en la presencia de imputados en las Cortes en la bancada del PP.

En la España del PP ser corrupto sale gratis desde un punto de vista político. Nadie asume responsabilidades cuando ha estado inmerso tramas ilícitas. Da la sensación que esa mano ancha hacia la corrupción en el Partido Popular es otra de las herencias que han recibido del franquismo que aplican del mismo modo que lo hacía el dictador. La trama Gürtel, el caso Bárcenas, el caso Pokemon (donde también hay imputados del PSOE), el caso Brugal, el caso Fabra y tantos y tantos, demuestran que en el PP no se conoce el término «responsabilidad política». El mayor número de imputados por corrupción se hallan en el PP, sobre todo porque ellos han detentado el poder desde hace muchos años a nivel autonómico y local y porque los corruptores, en su gran mayoría constructores, suelen estar en la órbita del partido ultraconservador. Nadie toma decisiones y los corruptos siguen en sus puestos públicos. Se permiten las actitudes corruptas del mismo modo en que lo hacía Franco. En política la sola presunción de haber cometido actos corruptos debería ser causa para la dimisión inmediata de los cargos públicos o políticos que esa persona ocupe porque hay que diferenciar muy claramente que política y justicia son dos líneas que van paralelas. En España se espera a que alguien sea condenado en firme para que dimita. En otros países con una mayor educación democrática los políticos dejan sus cargos por hechos que comparados con los que ocurren en este país son meras anécdotas. Hemos visto cómo presidentes o ministros han dimitido porque no pagaron una multa de tráfico, porque aceptaron alojarse en casa de un empresario durante un fin de semana en la playa, porque no pagaron una multa de circulación o porque se sospechaba que había plagiado su tesis doctoral. En España tenemos a políticos con cuentas en Suiza, con enriquecimiento desmesurado, con cargos del PP que han dado prebendas y contratos públicos a empresarios que habían hecho donaciones al partido, a cargos públicos del PP que han derrochado el dinero de los ciudadanos en infraestructuras inútiles o con un sobreprecio elevado. Sin embargo, aquí no dimite nadie y se aferran al cargo como un león a un árbol mientras un elefante le tira de la cola. La sola presencia de tramas como la Gürtel hubiera provocado en otros países la dimisión de todos los dirigentes del partido. En España se defendió a los corruptos al afirmar que la Gürtel era una estrategia para atacar al Partido Popular. La sola presencia del nombre del Presidente del Gobierno en los papeles que demuestran que se hicieron pagos en dinero negro y su apoyo a Bárcenas a través de mensajes SMS después de que el ex tesorero estuviera a punto de entrar en la cárcel hubiera provocado que Mariano Rajoy se hubiera visto obligado a dimitir. Sin embargo, no es así y el presidente sigue siendo presidente sin dar la cara y, cuando la ha dado, no ha hecho más que desviar la atención hacia otros lados o, directamente, ha mentido a los españoles, incluso, desde la tribuna del Parlamento, tal y como ocurrió el 1 de agosto de 2013.

¿Es el Partido Popular un partido corrupto? Mi espíritu democrático me dice que no debe ser así, que el principal partido de la derecha española no puede ser un refugio de sinvergüenzas. Sin embargo, mi espíritu democrático no puede ponerse la venda para no ver lo que parece que es una realidad. Según todos los indicios, aceptados por el propio juez instructor tanto de la trama Gürtel como del caso Bárcenas, el Partido Popular habría creado una red de financiación ilegal por la cual se aceptaban donativos ilegales a cambio de adjudicaciones en las licitaciones públicas convocadas en los territorios gobernados por el PP. Hasta ahora el tema está en fase de instrucción, pero el juez ha acreditado, tras analizar la contabilidad oficial y la que llevaba Luis Bárcenas, que el Partido Popular ingresó en cuentas bancarias donativos anónimos por un montante de 1,3 millones de euros. Este dinero formaba parte de la caja B que manejaba el ex tesorero. Por tanto, esos donativos eran ilegales que eran blanqueados por Bárcenas troceando dichos ingresos en cantidades inferiores a 60.000 euros para evitar al Tribunal de Cuentas. La Unidad de Delitos Económicos y Fiscales certifica que estas acciones se produjeron. Esto quiere decir que el PP se financió ilegalmente desde el año 2002 hasta 2007. El Tribunal de Cuentas no detectó el fraude porque Bárcenas troceó dichos falsos donativos en cantidades inferiores a lo marcado por la Ley de Financiación de Partidos Políticos.

Esta presunta –aunque certificada tanto por la Audiencia Nacional como por la UDEF– financiación ilegal del Partido Popular es la explicación a que el PP, a pesar de percibir menos dinero de las subvenciones estatales, tuviera un aumento de presupuesto, lo que permitía que en plena crisis que se realizaran grandes actos y sus dirigentes aumentaran sus retribuciones.

Algo diferente es el dinero que Bárcenas tenía en Suiza. ¿De dónde salió ese dinero? ¿Era dinero de Bárcenas o era dinero del Partido Popular? ¿Había una utilidad más allá del enriquecimiento del ex tesorero? ¿Es Bárcenas un sinvergüenza que se quedaba parte de las mordidas a los empresarios o es el tonto útil que utilizan como pantalla para ocultar una trama corrupta? Estas preguntas son algunas de las que me surgen y las respuestas las tiene sólo el ex gerente del PP. Si se demostrara que esos millones procedían de la financiación ilegal del partido de Mariano Rajoy sería el mayor escándalo de la historia en lo referido a la corrupción política. Sólo Bárcenas tiene las respuestas, sólo Bárcenas tiene la sartén por el mango para afirmar o negar lo que muchos sospechan y nadie se atreve a decir.

En España la corrupción se ha convertido en algo casi sistémico. Ha alcanzado a la propia Casa Real a través del llamado Caso Nóos, donde se juzga el presunto desvío de fondos públicos hacia la empresa dirigida por Iñaki Urdangarín y Diego Torres. Supuestamente, esta empresa no tenía ánimo de lucro. Sin embargo, no era así. Aprovechándose de la presencia del Duque de Palma y de su esposa, el Instituto Nóos conseguía contratos públicos en las Comunidades Autónomas y Ayuntamientos gobernados por el PP o con empresas dirigidas por personas muy afines al partido ultraconservador. Sin embargo, estos contratos tenían precios muy elevados para los trabajos realizados, lo que hizo suponer que había un desvío de fondos para el enriquecimiento de los dos socios.

Que una institución totalmente ajena al espíritu democrático como es la monarquía también se halle inmersa en un caso de corrupción que se ha aprovechado del dinero de todos los españoles dice mucho de la impunidad con que la corrupción pasa por las altas instancias del Estado.

Sin embargo, lo más grave de este caso no es la apropiación indebida de dinero público por parte de miembros de la Familia Real. Lo peor es la actitud por parte de los poderes del Estado en favor de la Infanta Cristina. El propio Rey afirmó, cuando aún no estaba imputada su hija, que la justicia es igual para todos. Se le olvidó decir que era igual para todos, los plebeyos. El modo en que desde el gobierno del Partido Popular se ha intentado bloquear la declaración de la Infanta ha sido obsceno. Se han puesto a disposición de una imputada a la Fiscalía y a la Abogacía del Estado con el único fin de sacar a la Infanta de la instrucción de la causa. Lo mismo que hubieran hecho por cualquier español, ¿verdad? Alegaron que el hecho de que la ciudadana Cristina de Borbón y Grecia estuviera imputada era un golpe a la credibilidad de la Marca España. Sin embargo, el verdadero golpe para dicha Marca España es la impunidad hacia la corrupción.

Esta impunidad también daña a nuestra imagen en el exterior, mucho más que otras muchas cosas. No obstante, no hay medidas contundentes para frenar la corrupción y cualquier legislación siempre se quedará corta. ¿Falta de interés? Tal vez falta de iniciativa. Lo primero que hay que hacer es establecer los mecanismos políticos para que los corruptos no se enmascaren detrás de los procesos judiciales en espera de una condena para abandonar todos sus cargos, es decir, separar la línea legal de la responsabilidad política porque es inaceptable que haya políticos imputados que, por lo complejo de los procesos judiciales y por la propia lentitud de la justicia, sigan manteniendo sus cargos, tanto públicos como en las direcciones de los partidos. Un ejemplo de ello lo tenemos con Carlos Fabra, inmerso en varios procesos judiciales y sin sentencia hasta pasados diez años, mientras seguía ejerciendo como Presidente de la Diputación de Castellón. Lo mismo lo tenemos en el Parlament valenciano con multitud de imputados. Lo mismo lo tenemos en cientos de ayuntamientos gobernados por imputados por corrupción. Estas personas deberían dimitir de sus cargos, los partidos deberían expulsarlos en espera de las decisiones judiciales. Si son inocentes, se les restituye su honor y punto final, pero así queda delimitada la responsabilidad legal de la responsabilidad política.

Vuelvo a afirmar que son muchos más los políticos honrados que los políticos corruptos, pero éstos hacen mucho más ruido que la buena gestión de lo público de aquellos que son honrados. Lo más grave es el hecho de que cala en mensaje de «todos los políticos son iguales, sólo quieren trincar». La corrupción nos trae esto, pero también puede convertirse en la semilla para los populismos gracias a estos mensajes. Por eso es necesario que sea erradicada, controlada y judicializada.

XII

LAS VÍCTIMAS DEL FRANQUISMO

Para el Partido Popular hay una categorización de las víctimas de la violencia, del tipo que sea. Han generado una discriminación entre las que les dan réditos electorales y las que no. En primer lugar, están las víctimas del terrorismo de ETA. El partido ultraconservador español siempre ha utilizado su dolor para ganar apoyo en las urnas; el PP siempre ha usado la baza del terrorismo de ETA como arma electoral o como argumento cuando se encontraba en la oposición o como argumento para enfrentarse a los partidos de la oposición cuando ejerce el poder. Da igual que ese poder sea a nivel nacional, a nivel autonómico, a nivel local, la derecha española siempre ha usado de manera miserablemente partidista el dolor de quienes han sufrido la violencia del terrorismo doméstico. No obstante, también le dan prioridad a un perfil de las víctimas de ETA sobre el resto. Hablan de víctimas refiriéndose a las asociaciones que se han dejado manipular, que han politizado su dolor, que se han prestado a realizar la labor de oposición y de desprestigio al resto de partidos políticos democráticos españoles, partidos democráticos, puesto que a quienes aún no han condenado la violencia etarra todavía no se les puede calificar como tales en plenitud. Aquellas asociaciones que no se pliegan a su utilización partidista reciben el desprecio del PP, desprecio que se sustancia en el silencio y crearles vacío, incluso, han alejado de su órbita a personas muy unidas al Partido Popular, familiares de asesinados que eran dirigentes del PP, que se atrevieron a criticar la actitud *genovesa* respecto a las víctimas.

El resto de víctimas no cuentan para el PP en diferentes grados. Víctimas del 11M son casi despreciadas porque los 192 muertos no son manipulables políticamente. Es vergonzoso el modo en que los dirigentes ultraconservadores han ninguneado a quienes murieron tirados en unas vías de tren o entre los hierros de un vagón. Simpatizantes o militantes del PP gritaban a Pilar Manjón cosas como «meteros a vuestros muertos por el culo». Vuestros muertos. Por tanto, las víctimas del 11-M no están reconocidas por el PP. Les quitaron del poder. Eso no se podía permitir. En la Comisión de Investigación del Congreso de los Diputados, los representantes del Partido Popular dijeron que «sólo habían visto a una señora llorando», cuando se referían a Pilar Manjón. ¿Se puede ser más rastrero? Creo que no. En los primeros aniversarios asistían todos los dirigentes *populares* para hacerse la foto, mientras que en su interior había mucho desprecio, desprecio que mostraron en el año 2013 donde el Gobierno de la Comunidad de Madrid y el Ayuntamiento dejaron el homenaje a las víctimas en un acto clandestino, a primera hora de la mañana y dedicándoles apenas 10 minutos. Desde el PP se sigue intentando activar la teoría de la conspiración, del Golpe de Estado encubierto, de la responsabilidad de ETA en vez de la responsabilidad de Al-Qaeda. Por supuesto, todo ello aderezado y jaleado por sus órganos de propaganda, por sus medios de comunicación mamporreros. Los muertos del 11-M no han sido manejables electoralmente sino que fueron reivindicativos y pidieron responsabilidades a quienes las tuvieron o a quienes fueron los que con sus políticas erróneas provocaron la masacre. Esos 192 muertos movieron a los ciudadanos a querer un cambio político. El PP no puede digerir que el hecho que les hizo perder esas elecciones que a priori tenían ganadas no fue el hecho de que la autoría fuera ETA o Al-Qaeda, sino la mentira constante con la que gestionaron los días posteriores a los atentados, el intento de manipulación para hacer pasar los días y que la verdad se supiera una vez celebrados los comicios. Por eso el PP desprecia a las víctimas del 11-M, porque esos muertos no son suyos, no son un arma con la que atacar a sus adversarios políticos.

Respecto a las víctimas del terrorismo machista ya se ha reflexionado en este libro en capítulos anteriores y se ha visto cómo están olvidadas por parte del partido ultraconservador.

Sin embargo, las víctimas más olvidadas y más castigadas por el Partido Popular son los represaliados del franquismo, tanto los que fueron ejecutados como los que sufrieron la inquina de los vencedores de la guerra hacia quienes pensaban o vivían de un modo diferente al que ellos querían imponer. En España aún hay una herida abierta y es la política de desprecio hacia estas víctimas por parte del PP es la que hace que no se cierre.

Franco murió en 1975, casi 40 años después de haber dado un Golpe de Estado el 18 de julio de 1936. A partir de ese 20 de noviembre de 1975 se inició en España el proceso de transición hacia la democracia, un proceso que ha sido puesto en valor por lo modélico que fue. España se convirtió en referente a nivel mundial por lograr un cambio tan radical sin necesidad de recurrir a la violencia ni al enfrentamiento entre los ciudadanos. Sin embargo, la

Transición es un proceso inconcluso en muchos aspectos y uno de ellos es el de la reparación necesaria a las víctimas de la dictadura. Eran otros tiempos. Era una época en que había miedo a aplicar medidas que pudieran soliviantar a los militares y provocar un alzamiento. Los militares franquistas eran los que aún tenían el poder y las armas. Cualquier nueva medida tomada para llevar a España hacia un régimen democrático estaba muy pensada por ese miedo al ruido de sables. Este hecho lo pudimos comprobar cuando se legalizó el Partido Comunista o cuando se aprobó la libertad sindical, hecho éste que fue la causa de la dimisión del general De Santiago como Vicepresidente del gobierno de Adolfo Suárez y el apoyo incondicional de los militares más franquistas, como, por ejemplo, Iniesta Cano. En aquellos tiempos de cambio todavía había políticos que desde la tribuna de las Cortes llamaban a los contrarios al Régimen «misérrima oposición». Eran los tiempos en que un presidente del gobierno aún se refería a los «vencidos» como los «enemigos de la Patria». Para preservar la paz no se hizo un juicio a los crímenes del franquismo. Era algo que nadie se planteó.

El 15 de octubre de 1977 fue promulgada la Ley de Amnistía, una ley necesaria para derogar los delitos de intencionalidad política. En ella se incluía la amnistía total de los presos políticos. Sin embargo, también se amnistiaban todos los crímenes cometidos por parte del régimen franquista. En aquella época se creyó necesaria para poder seguir avanzando hacia la reconciliación de los españoles y hacia un nuevo régimen de convivencia. Sin embargo, la ley impedía juzgar aquellos crímenes cometidos por la dictadura franquista, entre los que se encuentran el genocidio y la desaparición forzosa, delitos que no prescriben. Los partidarios de no hacer nada con las víctimas del franquismo toman esta ley como si fuera la Biblia.

30 años después de la promulgación de la Ley de Amnnistía un grupo de asociaciones pro derechos humanos presentaron denuncias ante la Audiencia Nacional para que se juzgaran los crímenes del franquismo. Fueron desestimadas porque los delitos habían prescrito y porque estaban sujetos a la Ley de Amnistía de 1977. Un año después, el juez Baltasar Garzón volvió a impulsar las denuncias acompañándolas de más de 130.000 nombres y apellidos de personas, de ciudadanos españoles que fueron represaliados, ejecutados, torturados por las autoridades franquistas. No obstante, el juez se encontró con la oposición de la Fiscalía y con una querella interpuesta por la organización fascista Falange Española y el pseudo-sindicato ultraderechista Manos Limpias, es decir, se ajustició a

quien iba a hacer justicia, algo muy propio de este país.

En ese año 2007 se promulgó la Ley de la Memoria Histórica. En ella se reconoce la injusticia de las condenas de los tribunales franquistas y se aumentan las personas beneficiadas por las pensiones para las víctimas de franquismo. El Estado se comprometía a localizar, identificar y exhumar a aquellos miles de españoles que aún permanecen enterrados en fosas comunes o en las cunetas de las carreteras, los cuerpos de aquellos que fueron ejecutados por las razias de falangistas, carlistas y fanáticos fascistas. Por otro lado, se establecía la obligación de las Administraciones Públicas de retirar de edificios públicos cualquier escudo, insignia, placa u objeto conmemorativo del franquismo. En este punto se encontraba el tema del Valle de los Caídos, esa obra creada por esclavos políticos, el mausoleo erigido para la gloria de Francisco Franco. El gobierno de Zapatero no se atrevió a incluir la demolición de ese monumento a la infamia pero sí que prohibió que se produjeran actos políticos de exaltación del fascismo dejándole sólo funciones religiosas. A los brigadistas internacionales, a aquellos que vinieron a España a luchar por defender al gobierno legítimamente elegido por el pueblo español en las elecciones del 16 de febrero de 1936 se les concedió la nacionalidad española sin necesidad de renuncia de la propia. También se otorgó la nacionalidad española para los hijos y nietos de los exiliados políticos, siempre que éstos no hubieran renunciado a ella.

La Ley de Memoria Histórica fue un primer paso hacia la normalización y hacia la justicia que las víctimas de la represión fascista reclaman desde el fin de la dictadura. Sin embargo, se volvió a quedar corta. En España sigue habiendo calles dedicadas a generales que mataron o dieron orden de matar a miles de personas. En España sigue habiendo calles, plazas y avenidas dedicadas al Generalísimo, al Caudillo o a Francisco Franco. En España siguen habiendo monumentos franquistas. En España sigue habiendo placas con simbología franquista o con los nombres de aquellos que lucharon y murieron en el bando nacional, mientras que a los que defendieron al gobierno legítimo de la República no hay nada. En España se siguen otorgando medallas a antiguos combatientes, tal y como se hacía en la Dictadura. En España sigue habiendo homenajes a la División Azul, el cuerpo de ejército que luchó en el ejército nazi en la campaña de invasión de la Unión Soviética. ¿Se imaginan ustedes que en Alemania se permitiera que hubiera avenidas dedicadas a Adolf Hitler? ¿Se imaginan ustedes que en Alemania se homenajeara a las SS? En Alemania se repudia todo lo relacionado con el nazismo. En España aún se le hacen homenajes y todo por la protección que hace el Partido Popular de todo lo que esté relacionado con el franquismo.

El desprecio que el PP tiene hacia las víctimas del franquismo es proporcional al ensalzamiento de otras víctimas que pueden utilizar electoralmente. El partido ultraconservador español es heredero del Movimiento Nacional. En su fundación, Manuel Fraga y otros ex ministros de la Dictadura quisieron reunir una masa electoral basada en lo que en los primeros años de la democracia se llamó «franquismo sociológico». Siempre han estado en contra de reponer la dignidad a quienes fueron masacrados por pensar de un modo diferente de quienes habían asaltado el poder. Ellos afirman que restituir la dignidad a quienes fueron perseguidos, maltratados, fusilados, torturados o encarcelados por la Dictadura por tener un modo de ver la vida, por tener una forma de entender la política diferente, sería reabrir heridas que se cerraron en la Transición. Ese argumento es una falacia más de la derecha, de aquellos que medraron gracias al franquismo, porque esas heridas no se cerraron, sino que el olvido al que se ha sometido a estas personas las ha abierto más. No es de recibo que aquellos que defendieron la democracia sean olvidados. No es de recibo que aquellos que murieron por defender el régimen democrático sigan enterrados en fosas comunes o en las cunetas de este país. No es de recibo que quienes sacrificaron tantas y tantas cosas por enfrentarse al fascismo y que son homenajeados en otros países, en España sigan abandonados por el Estado. No es de recibo que en este país siga habiendo placas con el yugo y las flechas de la Falange. No es de recibo que en España aún siga habiendo calles o estatuas dedicadas al Caudillo, al Generalísimo o a José Antonio Primo de Rivera. La Ley de Memoria Histórica intentó acabar con esta injusticia con la oposición frontal del Partido Popular. ¿Por qué el partido político que representa a la supuesta derecha civilizada se opone a ello? La respuesta es sencilla: el legado político del que el PP es heredero es el del franquismo, por eso no quieren que ese legado se toque o se contamine con la verdad de lo que realmente fue el franquismo: un régimen dictatorial que cometió crímenes contra la Humanidad.

En la Transición podía parecer lógico que los crímenes del franquismo y la reposición de la dignidad a las víctimas se aplazara por el ambiente enrarecido de ensalzamiento de la época pasada por parte de importantes centros de poder. No se podía iniciar una democracia con el miedo a un levantamiento militar. Sin embargo, lo que no se debió hacer fue aparcar el asunto con la Ley de

Amnistía, una ley con unas consecuencias muy similares a las leyes de punto final de las dictaduras hispanoamericanas. Una vez afianzado el régimen democrático tras el fracaso del intento de golpe de Estado en 1981 y la victoria del PSOE en las Elecciones Generales de 1982 se debió atacar este problema con una versión de lo que fueron los juicios de Nüremberg o los juicios que se están celebrando en Argentina donde se ha condenado a los torturadores, a los maltratadores, a los asesinos. Sin embargo, no se hizo y las víctimas del franquismo siguieron desamparadas. En España no se ha querido sentar en el banquillo a quienes durante años fueron los torturadores, los asesinos, los genocidas por distintas razones, pero las ideológicas del Partido Popular han sido las que se han opuesto siempre a cualquier iniciativa parlamentaria de la izquierda o de los partidos nacionalistas. Todavía causa náuseas el desprecio de Federico Trillo hacia los brigadistas internacionales cuando aquél era presidente del Congreso porque tenía que asistir a la entrega de unos premios otorgados por una asociación jurídica afín al PP. Ese desprecio, y otros muchos, demuestran que el partido que gobierna actualmente no tiene en cuenta a quienes dieron la vida por defender la democracia, mientras que representantes gubernativos siguen acudiendo a homenajes a aquellos que se alinearon en el lado del totalitarismo y del fascismo. Mientras en países como Francia se sigue homenajeando a los republicanos españoles, en España altos cargos del gobierno asisten orgullosos a honras a la División Azul y dirigentes del PP organizan ferias de enaltecimiento del fascismo. No se hace raro que militantes y dirigentes del Partido Popular se fotografíen orgullosos efectuando el saludo fascista o posando ante banderas pre constitucionales y junto a fotografías de Francisco Franco. Lo llevan en su genética porque el PP es el partido heredero del Movimiento Nacional. No me imagino a un miembro de la CDU, el partido de la derecha alemana, realizando saludos nazis o posando junto a banderas de las SS. En España sí es posible y lo vemos constantemente. En las manifestaciones organizadas por el Partido Popular es habitual ver multitud de banderas con el águila de san Juan. ¿Es el PP un partido fascista? En esencia no, pero en su genética llevan cromosomas adictos al régimen franquista. Lo vemos en el autoritarismo con el que están gobernando confundiendo su mayoría absoluta con el cheque en blanco para imponer su ideología.

Cuando en España se quiso iniciar una causa judicial para reparar el daño hecho a las víctimas del franquismo y sacarlas del olvido al que han estado sometidas, la campaña contra el juez o contra las asociaciones de la Memoria Histórica por parte del PP o por sus medios de comunicación afines, sus órganos de propaganda, fue cruenta. El propio juez Garzón sufrió las consecuencias de este acoso, incluso después de quitar responsabilidad penal a los torturadores ya fallecidos. La mezquindad por parte de dirigentes del Partido Popular ante las asociaciones de víctimas del franquismo es también notable, como lo vimos en las declaraciones de Rafael Hernando donde afirmaba «que algunos se han acordado de su padre parece ser que cuando había subvenciones para encontrarlo». Por otro lado, la retirada de la totalidad de fondos públicos para hacer cumplir la Ley de Memoria Histórica por parte de Mariano Rajoy es otra muestra del desprecio del partido ultraconservador español hacia quienes sufrieron torturas, vejaciones, olvido por defender la libertad, por defender la democracia. Nada más llegar al poder Rajoy cerró la Oficina de Víctimas de la Guerra Civil y de la Dictadura. Esta oficina fue creada con el fin de coordinar la exhumación de los desaparecidos, entre otras funciones. Por otro lado, Mariano Rajoy está obstaculizando las investigaciones que desde Argentina se están realizando para esclarecer los crímenes del franquismo. ¿Qué hay detrás de esta actitud obstruccionista? Ideología, nada más que ideología.

En septiembre de 2013 y a principios de 2014 visitó España el Grupo de Trabajo de Naciones Unidas sobre Desapariciones Forzadas e Involuntarias para reunirse con distintas asociaciones de víctimas del franquismo y por la Recuperación de la Memoria Histórica y evaluar la actuación del gobierno de Mariano Rajoy en lo referente a este asunto. Siguiendo la actitud propia de la derecha heredera del Movimiento Nacional, el gobierno del Partido Popular se negó a facilitar a la ONU cualquier tipo de información sobre el tema. Tras esta primera visita realizaron un informe preliminar que era demoledor para el gobierno. Lo primero que certificó la ONU es que el gobierno tenía que dejar de poner la Ley de Amnistía de 1977 como cortina para no hacer frente a las responsabilidades jurídicas ante delitos de lesa humanidad que no prescriben. También se reclamó una investigación exhaustiva e imparcial que culminara en graves condenas para los responsables de ese genocidio, así como una reparación adecuada para las víctimas. Tras este informe preliminar el gobierno de Mariano Rajoy dijo que tendría en cuenta las recomendaciones de la ONU. Ya se imaginan ustedes que no hicieron nada que no fuera guardar silencio u obstaculizar las peticiones de extradición de torturadores por parte de la justicia argentina.

En febrero de 2014 el informe final no podía ser más duro con España. En primer lugar se critica de forma contundente que este país no haya enjuiciado y condenado los crímenes de la dictadura franquista y que la Ley de Amnistía de 1977 sea tomada como una «Ley de Punto Final» que deje impunes los crímenes de un régimen dictatorial que aplicó la represión y el asesinato como forma de mantener a la población a raya. El Partido Popular tiene la desvergüenza de condenar a la dictadura cubana o a la pseudo-democracia venezolana mientras que no mueve un dedo para reparar los daños del franquismo. La ONU pide que la Ley de Amnistía sea derogada y permita juzgar a los criminales que torturaron y asesinaron a quienes no pensaban igual que ellos o que luchaban contra la dictadura.

Naciones Unidas nos colocó en segundo lugar en el ranking de países con mayores desapariciones forzadas sin investigar, tras Camboya. Somos potencia mundial en lo referido a la impunidad de crímenes contra la Humanidad, impunidad que desde el Partido Popular se promueve tras la derogación de la Justicia Universal.

Como ya se ha citado anteriormente, el Partido Popular tiene un doble rasero para medir víctimas y criminales en lo referido al franquismo. Mientras miembros y dirigentes del PP hacen apología fascista luciendo palmito con la parafernalia de la dictadura, realizando saludos falangistas o envueltos en la bandera pre constitucional; mientras militantes y dirigentes *populares* presiden homenajes a las tropas del Movimiento Nacional, a las familias que fueron represaliadas por los fascistas se les retiran subvenciones y se las vilipendia. Tras aprobarse el Anteproyecto de Ley de la Memoria de la Junta de Andalucía, los alcaldes del PP, como el de Granada, afirman que cumplirán con lo indicado por dicha Ley, pero a regañadientes. Dicen que hay que dejar a los muertos donde están. ¿Se puede ser más cruel con los que llevan 75 años penando por las cunetas buscando el modo de llevar a sus familiares a un nicho o, simplemente, para saber dónde están para poder visitarles en el cementerio tal y como hacen los muertos del otro lado? No es cuestión de que estas medidas reabren heridas que estaban cerradas. Es cuestión de que hay heridas que no se han cerrado, que con cada desprecio se abren más y que sólo se cerrarán cuando se recupere lo que el fascismo les quitó: la dignidad de rescatar del olvido a sus familiares.

La Iglesia Católica también tiene un papel en la recuperación de la Memoria Histórica. Un factor que influye en el desprecio y el olvido hacia las víctimas del franquismo es la actitud de la Iglesia Católica. No ha habido aún, tras casi 75 años del final de la Guerra Civil, una declaración explícita de perdón por parte de la Conferencia Episcopal. Sí que existió alguna referencia velada, pero no explícita. ¿Por qué tendría que pedir perdón la Iglesia a las víctimas de la Dictadura? Es una pregunta que se podrá formular algún lector. La respuesta es sencilla. Sin el apoyo de la Iglesia, Franco habría ganado la guerra pero no habría podido tener el sustento popular en algunas zonas del país que teóricamente le hubieran sido hostiles pero que se unieron al Alzamiento y apoyaron al dictador por la religión y el apoyo de obispos, cardenales y del Papa fascista Pío XI.

La Iglesia fue colaboradora del Régimen. Hasta en sus últimos estertores se podía ver en las bancadas de las Cortes a obispos que también eran Procuradores. La Iglesia fue cómplice de los crímenes del franquismo, tanto durante la contienda como durante la posguerra. Fueron cientos los sacerdotes, monjas, fraile u obispos que no tuvieron reparos en denunciar a personas, a seres humanos, que después fueron ejecutados o torturados. Está documentado que muchos sacerdotes dirigieron pelotones de fusilamiento o que, incluso, participaron en ellos. Algunos de estos ejecutores con sotana han recibido la dignidad de Beato.

El apoyo de la Iglesia a Franco y su Régimen vino provocado por la defensa de sus privilegios, no de su fe, porque la República no prohibió el culto católico, aunque muchos propagandistas lo afirmen en escritos revisionistas. Desde el inicio de la Guerra Civil se trató a la contienda con el apelativo de Cruzada contra los enemigos de Dios. Fue la forma de embaucar a quienes de otro modo se hubieron puesto del lado de la República y de la legitimidad democrática. Tras ganar la guerra, la Iglesia aumentó sus privilegios como, por ejemplo, tener el control de la educación de los jóvenes. Gracias a la Iglesia se purgó a miles de maestros, muchos de los cuales fueron encarcelados, torturados y fusilados por los informes de afinidad ideológica redactados por sacerdotes, frailes y monjas. La Iglesia no podía permitir que hubiera personas inteligentes que educaran por encima del adoctrinamiento.

La Iglesia Católica también tiene mucha responsabilidad en el olvido al que se quiere arrinconar a las víctimas del franquismo. Me refiero a la institución y a sus representantes, no a religiosos o sacerdotes que sí que están haciendo una labor de reconocimiento y de reparación del daño causado. Como ya se ha dicho anteriormente, la Conferencia Episcopal española no ha hecho ninguna declaración o movimiento alguno en lo referido a estas víctimas o de denuncia de la vulneración de los Derechos Humanos que en España se está cometiendo. Hacerlo sería aceptar su propia responsabilidad, su clara complicidad con los crímenes de la Dictadura. Todo lo contrario. La Iglesia Católica sigue presentándose como víctima. El solo hecho de realizar esas beatificaciones masivas y fastuosas de los que ellos llaman *mártires* ya es un insulto a las víctimas y una falta de respeto, sobre todo porque entre los beatificados se encuentran algunos verdugos. En estas beatificaciones masivas también podemos ver el desprecio del gobierno del Partido Popular. El hecho de que asistieran varios ministros y dirigentes *populares* es otra muestra del desprecio que tienen hacia aquellos que solo piden que se les repare la dignidad. Por otro lado, en esas beatificaciones no se incluyen aquellos que siendo sacerdotes fueron ejecutados, torturados o represaliados por su apoyo a los más débiles, de la clase trabajadora, el apoyo a quienes hubiera apoyado el propio Jesucristo. Sin embargo, ¿es la Iglesia Católica el reflejo del mensaje evangélico de su fundador? Día a día vemos que no, al menos en España.

XIII

LA RESPUESTA DE LA IZQUIERDA ANTE EL ASALTO NEOLIBERAL

La imposición por parte del Partido Popular de su modelo ideológico ha tenido una respuesta de la izquierda bastante tibia. Desde partidos políticos y sindicatos prácticamente no se ha creado un frente de oposición lo suficientemente contundente que determinara que el PP está gobernando contra el pueblo, no ha generado un canal de transmisión del descontento ciudadano ante el constante ataque por parte de la derecha hacia sus intereses, hacia sus derechos. Está ´claro que el Parlamento actual no es el lugar donde plantear esta oposición dado que el partido ultraconservador tiene una mayoría absoluta ilegítima que utiliza como rodillo para desestimar todas y cada una de las propuestas de los partidos de izquierda. Este hecho demuestra que el gobierno de Mariano Rajoy impone medidas en contra del interés general del pueblo soberano. Ellos gobiernan en base a unos intereses propios de su ideología y lo imponen.

Vuelvo a recordar que cada medida que toma el Partido Popular es un atentado contra el pueblo al que gobiernan; cada euro que se recorta desde los gobiernos del PP, es un euro que se hurta a los ciudadanos. Ante estos atropellos, ante estos comportamientos antidemocráticos la respuesta de la izquierda ha sido bastante tibia, por no decir fría. Hay quien puede decir que qué se puede hacer con un gobierno que utiliza su mayoría absoluta como lo haría un dictador. La respuesta es sencilla: la izquierda debería haber sacado la labor de oposición a la calle, haberse puesto al frente de los muchos puntos de fricción entre gobierno y pueblo. Sin embargo, no ha sido así. Más bien han seguido haciendo lo mismo que llevan haciendo toda la vida: actuar como enemigos, cuando el enemigo está en la derecha.

Ante este nuevo asalto de la derecha y la destrucción del Estado del Bienestar que es intrínseco a un régimen democrático sano la izquierda ha vuelto a caer en la irresponsabilidad del enfrentamiento y de la fragmentación, cuando lo que se exige en estos momentos de grave emergencia nacional es unidad de acción. Es lo que pide el pueblo a los políticos que están más cerca de sus necesidades que los actuales gobernantes. Pondré un ejemplo de algo que ocurrió en España cuando aún estaban por conquistar las libertades que se conquistaron posteriormente, cuando había un gobierno muy similar en su acción que el de Mariano Rajoy. Ocurrió un primero de abril de 1976, más o menos a la hora del crepúsculo, una multitud se congrega en el Pabellón de Deportes de la antigua Ciudad Deportiva del Real Madrid. En el escenario el poeta-cantante Raimon. En las gradas y la pista miles de personas, la gran mayoría no catalanoparlantes corean sus canciones, recitan con música los versos del trovador de Xátiva. Entre los asistentes se encuentran miembros tan notables de la oposición democrática al franquismo como Felipe González, Nicolás Sartorious, Marcelino Camacho o Nicolás Redondo. En un momento del recital, Raimon entona los primeros versos de *T'adones amic*. El público canta y enciende mecheros hasta el momento que el valenciano canta los siguientes versos:

> *T'adones, company*
> *No volen arguments,*
> *Usen la força,*
> *T'adones, amic*
> *Tádones, company*
> *Que hem de sortir al carrer*
> *Junts, molts, com més millor,*
> *Si no volem perdre-ho tot.[2]*

---

[2] Te das cuenta, compañero / no quieren argumentos / usan la fuerza, / te das cuenta, amigo. / Te das cuenta, compañero / que hemos de salir a la calle / juntos, muchos, cuantos más mejor / si no queremos perderlo todo.

En ese instante el canto se transformó en grito, en consigna. La gente había dejado de cantar para gritar **UNIDAD, UNIDAD.** Reclamaban tanto a partidos como a asociaciones y sindicatos la unidad de la oposición para traer un régimen democrático a una España que llevaba sufridos 40 años de dictadura fascista. En esas fechas la oposición estaba dividida, gobernaba aún Arias Navarro. La oposición finalmente se unió porque vieron que era el único modo de acelerar el ritmo de la Transición. Se creó una comisión que, tras el triunfo del Referéndum de diciembre de 1976 y la revocación de las leyes franquistas comenzó a negociar con el presidente Suárez los términos de dicha transición. Unidos lograron llevar a efecto todas y cada una de sus reivindicaciones y en 1977 se celebraron las elecciones en libertad, como en cualquier país democrático.

Eran tiempos en que las diferencias ideológicas estaban muy marcadas. 40 años de clandestinidad habían marcado el debate ideológico, pero se produjo esa unión, ese frente común para traer la democracia a España. Unidos lo lograron porque tenían fuerza para negociar con un gobierno sin control parlamentario ni la legitimidad del voto, un gobierno que tenía carta blanca para actuar sin contar con nadie. Lo mismo que ocurre actualmente con el Ejecutivo de Mariano

Rajoy. Ahora los tiempos han cambiado en algunos aspectos. En otros, la situación es muy similar. Ha cambiado la ideología de algunos de sus actores, sobre todo en el PSOE, donde los años de gobierno han hecho que escore hacia una socialdemocracia laxa, o el centro-izquierda, alejándole de la izquierda y mimetizándose en tiempos pasados con la derecha.

Sin embargo, pasados ya 36 años de aquel 1977, hay cosas que siguen más o menos igual. Tenemos un gobierno que desprecia sistemáticamente al Parlamento y gobierna en solitario imponiendo sus medidas, leyes y reformas, dando la espalda tanto a la ciudadanía como a los partidos de la oposición. Suárez podría haberlo hecho igual pero no lo hizo. Tenemos un gobierno que carece de la legitimidad que dan los votos. Ganaron unas elecciones, eso es incuestionable, pero las ganaron con un programa electoral falso, engañando a los españoles aprovechándose de la situación de precariedad de muchos millones que depositaron sus esperanzas en las promesas de Rajoy, igual que aquel gobierno de Suárez en lo que respecta a la legitimidad democrática. La diferencia estriba en que Suárez era un hombre de Estado, y Rajoy es un hombre de partido, y mientras aquél gobernó en base al bien común, éste gobierna en base al interés personal y a la imposición de su sistema ideológico.

Como la situación es similar, salvo por el hecho de que Mariano Rajoy no tiene intención de pactar con nadie que no sea la CEOE, los partidos de la oposición tienen la obligación de crear un frente común para ser fuertes e imponer la negociación, una negociación el que prime el consenso y no al adhesión incondicional a las políticas del Partido Popular, que es lo que está pidiendo el gobierno ultraconservador de Rajoy.

Vivimos en una situación de emergencia nacional a causa de la crisis económica. Tenemos a un gobierno con actitudes autoritarias que no escucha a nadie. La unidad de la oposición es necesaria o, por lo menos, la unidad de los partidos de izquierda. Queda claro que la deriva del PSOE hacia posiciones ideológicas del Centro-Izquierda han alejado a los socialistas de Izquierda Unida. Sin embargo, es necesario un pacto entre estos dos partidos y la inclusión de los movimientos sociales y sus reivindicaciones, porque cuando se juntan socialistas y comunistas demuestran ser capaces de llegar a acuerdos, tanto programáticos como ideológicos. El ejemplo lo tenemos en Andalucía, Comunidad Autónoma que los dos partidos han convertido en un oasis de libertad frente a la opresión del PP allá donde gobiernan. PSOE e IU deben unirse, tienen la obligación de llegar a acuerdos, deben crear una estrategia conjunta para ser más fuertes ante el gobierno ultraconservador de Rajoy. Pero ha de ser una unidad real, con un programa y unas medidas que presentar a Rajoy, no como aquel experimento de las elecciones de 2000 con Frutos y Almunia. Juntos, ambos partidos tienen la fuerza de movilización suficiente para crear un ambiente de tensión, que no de violencia, en la calle que haga replantearse al PP que sus políticas no son las correctas, sobre todo después de la cerrazón demostrada por el Presidente del Gobierno cada vez que la oposición le ofrece otro camino. El PSOE debe dar un paso hacia adelante, hacia sus orígenes y acercarse a la gente, hacia esa gente que se sintió abandonada en la última etapa del gobierno de José Luis Rodríguez Zapatero.

El abandono por parte del PSOE de su ideología socialista hacia los caminos de la socialdemocracia provoca que mucha gente mimetice al partido fundado por Pablo Iglesias con el Partido Popular. En noviembre de 2013 se celebró la Conferencia Política del Partido Socialista Obrero Español en una España donde cada vez que salen nuevas encuestas de intención de voto el Partido Socialista recibe un revés más grande que el que puede recibir el Partido Popular, que ya contaba con un descenso de españoles dispuestos a depositar su voto en favor de su partido por las medidas antisociales y ultraliberales que está.

Sin embargo, ese descenso no está siendo aprovechado por los socialistas, sino que también baja. ¿Qué le está pasando al PSOE para no recoger en forma de intención de voto el descontento popular? ¿Por qué el PSOE no es visto por la ciudadanía como una alternativa real que solucione los problemas tan graves que está sufriendo por culpa del gobierno ultraconservador de Mariano Rajoy? Una respuesta la podemos encontrar en estos textos sacados de los Estatutos actuales del Partido y de las conclusiones del XXVII Congreso celebrado apenas 6 años antes de llegar al poder.

Vamos primero con lo que aparece en el Artículo 2 del Capítulo 1 de los Estatutos que rigen actualmente al PSOE:

El Partido Socialista Obrero Español es una organización política de la clase trabajadora y de los hombres y mujeres que luchan contra todo tipo de explotación, aspirando a transformar la sociedad para convertirla en una sociedad libre, igualitaria, solidaria y en paz que lucha por el progreso de los pueblos.

A continuación, veamos lo que en diciembre de 1976 dictaba su resolución política:

*El PSOE se define como **SOCIALISTA**, porque su programa y su acción van encaminados a la superación del modo de producción capitalista;*

*El PSOE reafirma su carácter de **PARTIDO DE CLASE** y, por lo tanto, de masas, **MARXISTA** y democrático. Somos un partido de clase, en cuanto aprendemos y luchamos por el proyecto histórico de la clase obrera: la desaparición de la explotación del hombre por el hombre (...) Somos un partido marxista porque entendemos el método científico de conocimiento de transformación de la sociedad capitalista a través de la lucha de clases como motor de la historia. Entendemos el marxismo como un método no dogmático que se desarrolla y que nada tiene que ver con la traslación automática de los esquemas teóricos o prácticos de las experiencias determinadas del movimiento obrero. (...) Nos definimos como partido democrático, al estar conformados como una Organización con la más escrupulosa democracia interna y de funcionamiento, a semejanza de la sociedad nueva que queremos construir (...)*

*El PSOE se define por un método dialéctico de transición al **SOCIALISMO** que combina la lucha parlamentaria con la movilización popular en todas sus formas, creando órganos democráticos de poder de base que busca la profundización del concepto de* *democracia superando el carácter formal que las libertades políticas tienen en el estado capitalista (...)*

Comparando estos dos textos surgidos de dos Congresos del PSOE vemos las diferencias de concepción de la realidad y de las necesidades del pueblo por parte del Partido y una de las razones principales de la desafección de los votantes de izquierda, socialistas, hacia su propia organización.

La evolución provocada por Felipe González de la propia ideología del PSOE del socialismo/marxismo hacia la socialdemocracia ha provocado que la gente de la calle vea una mimetización ideológica con la derecha. La gente, el pueblo llano, no comprende de matices ideológicos, no entiende de valoraciones ideológicas, sino que busca soluciones a sus problemas y esos problemas, normalmente, buscaban ser resueltos por los políticos progresistas. Sin embargo, el PSOE se ha ido alejando de la ciudadanía a medida que se convirtió en un partido *de poder*. A esta confusión en la interpretación de la ideología por parte del pueblo se unen los años de gobierno socialistas. No hay más que hacer una comparativa de las medidas tomadas por la primera legislatura de Felipe González y realizar una gráfica en la que se plasme cómo las decisiones y las formas de gobernar se van alejando del socialismo inicial y se van acercando a los preceptos de la derecha, llegando a los últimos años del gobierno de José Luis Rodríguez Zapatero y las medidas económicas tomadas por un gobierno socialista. Estas medidas de ZP y de la *ineficiente* Elena Salgado podrían haber sido implementadas por Rodrigo Rato o por Cristóbal Montoro y no se les habrían caído los anillos. Todo ello, además, en un entorno económico de recesión. Evidentemente, los verdaderos votantes socialistas reaccionaron como lo hace el votante de izquierdas: se queda en casa.

Por otro lado, la nefasta gestión de oposición de Alfredo Pérez Rubalcaba y las propuestas lanzadas no cuajan en la ciudadanía que está sufriendo las barrabasadas del Partido Popular. Decía el Secretario General que no iba a hacerle la oposición salvaje que los conservadores le habían hecho a Zapatero. Realmente, lo que la ciudadanía espera del principal partido de la oposición es precisamente eso, una oposición contundente, una oposición que no proponga sino que exija, una oposición que no busque pactos sino que encuentre el modo de desestabilizar a un Gobierno que ganó unas elecciones con *Fraude Electoral*, por no llamarlo *Golpe de Estado*.

El alejamiento del Partido Socialista de la ciudadanía es proporcional, en primer lugar, a los años de gobierno y, en segundo lugar, al alejamiento del PSOE de sus preceptos fundamentales y al acercamiento a las grandes decisiones en contra de las decisiones que inciden directamente sobre el pueblo. La presencia en la Ejecutiva Federal de personas que han tenido responsabilidades de gobierno en administraciones socialistas también hace que la gente mimetice a los mandatarios socialistas con los representantes de la derecha. A los que tenían cargos en la época de González se les asocia con la corrupción, como bien recuerdan los voceros de los panfletos conservadores. A los que los tuvieron con Zapatero se les asocia directamente con las políticas económicas liberales, con la mala gestión de la crisis y con los primeros recortes sociales, todo ello provocado por la «eficaz» gestión de Elena Salgado. ¿Quién manda ahora en el Partido Socialista? Alfredo Pérez Rubalcaba es el Secretario General, pero él también fue Secretario de Estado y Ministro tanto con Felipe González como con Zapatero. Con ese pasado, ¿cómo puede tener credibilidad su mensaje?

El PSOE necesita enviar un mensaje de verdadero socialismo para volver a ilusionar al pueblo, para que vuelvan a ver al Partido como una opción de poder, pero una opción que les resuelva sus problemas, que vuelva a universalizar la sanidad, tal y como hizo Ernest Lluch, que reforme la educación para adecuarla con las verdaderas necesidades de los estudiantes y para acercarla a los más necesitados, que modifique la Constitución para convertirla en un texto que legisle sobre las verdaderas necesidades del pueblo, que cambie la ley electoral hacia una ley en la que cada voto valgo lo mismo independientemente del lugar en que se vote y que incluya el fraude electoral en el Código Penal para garantizar que los contratos que firman los partidos con los ciudadanos sean cumplidos independientemente de la situación económica que impere, que modifique las condiciones del Concordato con el Vaticano porque en un país laico no es de recibo que la Iglesia Católica tenga los privilegios que tiene y que, en medio de la crisis económica, el Estado destine 11000 millones de euros a financiar a una entidad religiosa. Modificar las condiciones, cuando no romper un acuerdo injusto para la sociedad y que es, en el fondo, contrario a la libertad religiosa y a la «aconfesionalidad» del Estado.

El PSOE necesita un lavado de cara que vaya más allá de un mero «encalamiento de fachada». Tiene que volver al meollo de las conclusiones de 1976 adaptándolas a la situación socioeconómica actual. Ahora no hay que luchar contra el capitalismo, sino contra el neoliberalismo que quiere imponer el Partido Popular. El PSOE necesita nuevos líderes que no tengan pasado pero que tengan carisma de líder; nuevos líderes que sepan lo que ocurre en la calle de primera mano y que pongan al Partido en la órbita de los movimientos sociales poniéndose en la vanguardia de encontrar las necesidades reales de la ciudadanía, y eso se consigue estando con la ciudadanía. El PSOE necesita una Ejecutiva que dé ilusión a la gente, una Ejecutiva que mueva a las masas y ponerse a la cabeza de las justas reivindicaciones del pueblo. ¿Cuántos miembros de la Ejecutiva estaban el pasado 14 de abril al frente de las manifestaciones republicanas cuando la gran mayoría de los militantes y simpatizantes son republicanos? Hay alguno, como Tomás Gómez, que abandona su escaño o su despacho y se reúne, en la calle, con los ciudadanos, que habla con ellos, que recoge su malestar, que se pone al frente de las justas reivindicaciones del pueblo. Hay otros, como Susana Díaz, que desde un puesto de poder como la Presidencia de la Junta de Andalucía lo hace desde una visión socialista, y esto lo vemos en su decreto de protección a los desahuciados o en todas y cada una de las medidas sociales, medidas que escuecen en la derecha porque muestra caminos que ellos no quieren mostrar al pueblo al querernos hacer ver que su camino es el único posible. Por eso España necesita al PSOE que se fue como solución a los problemas que ha generado la derecha. Cuando el Partido Socialista vuelva a sus orígenes SOCIALISTAS, la ciudadanía les volverá a dar la cara.

Con los últimos atropellos del PP a los derechos sociales comenzamos a ver a dirigentes en las manifestaciones o postulándose con los ciudadanos abofeteados por el Partido Popular, con aquellos que son las víctimas de la imposición ideológica del gobierno de Mariano Rajoy. También estamos viendo cómo el modelo de oposición *responsable* ha pasado a un modelo de responsabilidad en la oposición. El incremento de la dureza en un Congreso secuestrado con medidas como la Reforma del Aborto, la corrupción del PP, la anulación de la Justicia Universal, hacen que los ciudadanos puedan llegar a ver cómo el PSOE es la respuesta que esperaban para cubrir sus necesidades reales. Alfredo Pérez Rubalcaba dio un giro en su estrategia parlamentaria y ese giro está recogiendo sus frutos tímidamente ya que las últimas encuestas de intención de voto confirman que el Partido Socialista supera por unas décimas al PP. Sólo unas décimas cuando con un partido que gobierna de espaldas a los ciudadanos hubiera provocado que el PSOE ya estuviera en una situación cercana a una mayoría solvente. En el último Debate Sobre el Estado de la Nación Alfredo Pérez Rubalcaba demostró que Mariano Rajoy vive de espaldas a las verdaderas necesidades de los ciudadanos al exaltar una recuperación económica que sólo se traslada a los grandes centros de poder y no a las verdaderas víctimas de la crisis. Esa era la actitud que debió adoptar el PSOE desde el primer día de gobierno de Mariano Rajoy.

La división de la izquierda en España es una irresponsabilidad que va en contra de los intereses de los ciudadanos. Desde un punto de vista político, el mapa ideológico de cualquier país está dividido en dos partes: la izquierda y la derecha. El centro es una invención artificial que no aplica y que es consecuencia del apoliticismo de los ciudadanos que se generó en el franquismo. Este apoliticismo es peligroso para los intereses del propio pueblo puesto que hay un importante número de ciudadanos que varían su voto en función de muchas variables. Así es el mapa político español, así es la realidad política española, donde quienes son los que deben defender los derechos y los intereses de los ciudadanos ante los intereses de las élites se encuentran con una falta alarmante de espíritu político de defensa de los intereses de clase pasan olímpicamente de la política y tienen una alarmante deficiencia analítica ante lo que unas opciones u otras les ofrecen.

La derecha es un bloque monolítico y quienes tienen un pensamiento conservador se unen bajo unas únicas siglas, bajo las alas de la gaviota. El partido que representa a conservadores, ultraconservadores, liberales y los últimos retazos de la nostalgia franquista tiene un nicho electoral fiel, un nicho electoral que se cifra en una pinza que va desde los 8,5 a los 11 millones de votantes. Eso lo tienen casi garantizado. Si a esta cantidad se unen aquellos que aceptan y acatan los engaños electorales está claro que disponen de una gran posibilidad de hacerse con el poder.

La izquierda es diferente. Siempre está dividida, siempre está en luchas internas basadas en diferencias ideológicas de matiz. Socialistas, comunistas, populistas, internacionalistas, anarquistas, socialdemócratas andan siempre a la greña y son más encarnizados los combates ideológicos entre los propios partidos de izquierda que sus ataques a la derecha. A esto se ha unido el escoramiento a la socialdemocracia del Partido Socialista y su abandono de las políticas socialistas, tal y como hemos analizado anteriormente. Hay desunión, hay división en la izquierda. Ya perdimos una guerra por esta falta de unión, mientras que en el otro lado se mueven por un único fin. Mientras en el lado de la derecha se unieron firmemente en torno a la religión, los privilegios y la figura de Franco, en la izquierda se produjeron incluso guerras civiles dentro del bando republicano con purgas de partidos como el POUM o la desarticulación de los anarquistas por el deseo de imponer la visión estalinista de la realidad.

En los tiempos actuales, con los cambios que se están produciendo en la sociedad y en la política, la izquierda española está volviendo a esa actitud irresponsable de desunión frente a la derecha. El sometimiento por parte de la derecha y de las élites que la soportan a los ciudadanos a una economía de especulación salvaje que les está llevando a la pérdida de derechos que deberían ser inalienables se está produciendo gracias a la desunión de los partidos y movimientos de izquierda. El Partido Popular, heredero de los valores del franquismo, está imponiendo un régimen político que se aleja mucho de lo que es una verdadera democracia al imponer su mayoría absoluta de un modo dictatorial. Se están imponiendo a los españoles medidas, reformas y leyes que están acercando peligrosamente a este país a un régimen dictatorial. Ante esto la izquierda no está haciendo prácticamente nada, salvo declaraciones o poner recursos ante los tribunales. Sin embargo, ni se les ha pasado por la cabeza algo con lo que tendrían la fuerza suficiente para minar tanto en España como en el extranjero las medidas del gobierno ultraconservador y su forma de gobernar antidemocrática: la unión efectiva de todas las fuerzas de izquierda.

Es evidente que hay muchas diferencias ideológicas, sobre todo después del abandono del socialismo en favor de la socialdemocracia por parte del Partido Socialista. Sin embargo, en otro momento de la historia de España en la que hubo necesidad de unión por parte de los partidos de la oposición y con unas diferencias ideológicas mucho más marcadas se logró esa unión con la creación del POD, donde se negoció un programa por el cual se marcó el camino hacia la democracia.

La pérdida del socialismo como camino ideológico por parte del PSOE desde que ganara las elecciones de 1982 ha hecho mucho daño a la izquierda y a las personas progresistas. Somos muchos los que no nos consideramos comunistas pero que vemos que nuestro rango ideológico se va alejando cada día más del propio PSOE. A finales del año 2013 se hizo una Conferencia Política donde se afirmó que el partido había vuelto de donde no se debía haber ido (esto último lo añado yo). Las políticas del último gobierno de Rodríguez Zapatero con la llegada de la crisis y su entrega a los dictados de la Troika echó a mucha gente del entorno socialista y los dejó huérfanos ya que nunca votarían a IU. Esto les llevó a abstenerse propiciando la mayoría absoluta del PP. A esto se unió el no reconocimiento de la importancia del 15M y su impacto en las urnas. Por otro lado, desde partidos del entorno comunista se etiquetó la expresión de "verdadera izquierda", cosa que a mí me revuelve. En otro estadio se encuentran aquellos que estando en el grupo poblacional que es más sensible a votar a la izquierda se entregó a las mentiras del PP dándoles su voto de un modo irresponsable.

Por otro lado, la pérdida de penetración en la población de los partidos tradicionales está haciendo que aparezcan movimientos como el liderado por Pablo Iglesias o el Partido X que lo único que hacen es disgregar aún más el peso del voto de la izquierda. Es decir, más separación, menos peso. No soy crítico con la aparición de nuevos partidos o de nuevas formas de entender la política y, mucho menos, de la aparición de caras jóvenes que tienen una mentalidad mucho más cercana a la realidad del siglo XXI que los políticos que llevan desde la Transición en los órganos de poder. Lo que critico es la oportunidad. Estos nuevos movimientos lo que harán será dar más poder a la derecha. Alguien me podrá decir que también en el PP cuecen habas con la presentación de VOX, ese nuevo partido de corte ultra que golpeará al electorado más cercano al fascismo que es votante del partido de Mariano Rajoy. Sin embargo, eso es una minoría que no afectará en las ratios de votantes genoveses.

Esa actitud suicida de los partidos de izquierda del enfrentamiento cainita es el principio de la derrota ante la unidad de la derecha. Los años de gobierno de

Mariano Rajoy están siendo el toque de atención a los ciudadanos incautos que votaron al PP por el embaucamiento del programa falso. Los años de gobierno de Mariano Rajoy son la muestra de cómo la derecha interpreta la democracia cuando tienen mayoría absoluta, es decir, la negación de la propia democracia con el fusilamiento del Estado de Bienestar. Ante esta trituradora de derechos la izquierda se ha metido en una estrategia de inacción provocada precisamente por su desunión y por la no búsqueda de un camino común de lucha contra las políticas neoliberales y ultraderechistas del Partido Popular.

Ahora es el momento de la unión. Ahora es el momento de que los dos partidos principales de la izquierda, PSOE e IU, junto con los movimientos sociales, se sienten a negociar un camino común para enfrentarse a los ultraconservadores genoveses. Quedan apenas dos años para las próximas Elecciones Generales. Aún estamos a tiempo porque la unión de ambos partidos ha demostrado que da resultados positivos para los ciudadanos, tal y como vemos en Andalucía. Los ciudadanos tenemos muchas necesidades, tenemos que recuperar nuestros derechos, pero necesitamos a nuestros políticos progresistas que encabecen esa reconquista de lo que el Partido Popular nos quiere robar. ¿Qué problema hay en que se presentaran juntos a las elecciones tanto autonómicas como a las generales el PSOE e IU? Hay tiempo, vuelvo a repetir. Sólo es cuestión de que se sienten a negociar. Juntos somos más fuertes. Una izquierda separada es capaz de ser tan irresponsable como para dar el poder, de nuevo, a la derecha.

Hasta ahora nos hemos referido a la situación de los partidos de izquierda. Sin embargo, el progresismo también es una parte de la ideología de las organizaciones sindicales. Su inactividad es también responsable de lo que está ocurriendo en la España gobernada por el Partido Popular, la España donde la acción de gobierno se convierte en un reparto obsceno de dolor a los ciudadanos. Hay personas de izquierdas, buenas gentes progresistas, que me acusan de cierta *deslealtad* por mi actitud y mis escritos críticos con los sindicatos. Yo no pienso que se trate de deslealtad, más bien de desencanto hacia esas asociaciones que deben ser el garante de la lucha obrera contra los abusos de los centros de poder hacia los trabajadores.

En los datos de paro registrado y en las Encuestas de Población Activa vemos cómo el gobierno del Partido Popular se queda con el titular de que el desempleo desciende, pero calla respecto a los números de la afiliación a la Seguridad Social, que ha descendido en casi 1.000.000 personas desde que gobierna Mariano

Rajoy, omititiendo escandalosamente que sólo el 2% de los contratos firmados fueron indefinidos y a tiempo completo, es decir, que un 98% de los contratos firmados fueron temporales, precarios o en fraude de ley, tal y como comprobamos en el día a día: contratos de media jornada, con jornadas de 12 horas diarias y salario adecuado a las horas firmadas en contrato. ¿Esto es para que los palmeros del PP saquen las fanfarrias de plata para decir que Rajoy ha conseguido finalizar con la destrucción de empleo? Claro que no. Pero son fanáticos y como miembros de la *yihad genovesa* destacan sólo el titular fácil olvidándose del análisis: el paro baja, esa es su nula analítica, esa es su omisión de la realidad en favor de la propaganda.

El día 2 de septiembre de 2013 la presunta ministra de Empleo, Fátima Báñez, reunió a los agentes sociales, sindicatos y patronal, para presentarles la Reforma del Sistema de Pensiones. Para el Partido Popular la palabra *reforma* es sinónimo de la palabra *recorte* o a la expresión *recorte de derechos* y ese día se inició el final del sistema de pensiones tal y como lo conocemos. Fátima Báñez tuvo la desvergüenza de decir que las pensiones no iban a perder poder adquisitivo, pero ya ha propuesto un suelo de revalorización del 0,25% y desligar dicha revalorización del IPC. Por tanto, las pensiones sí que han perdido poder adquisitivo. A todo esto se une el tan manido factor de sostenibilidad que no es otra cosa que la coartada para justificar la destrucción del modelo del Sistema de Pensiones.

Esto son dos ejemplos de cómo está la situación real del empleo en España. El Partido Popular está ejecutando unas políticas que son un ataque frontal a la clase trabajadora. La Reforma Laboral es la implementación en el BOE de muchas de las reivindicaciones de la CEOE. No se han generado políticas de creación de empleo sino que con la Reforma Laboral se ha legalizado la destrucción de un derecho que está recogido en la Constitución Española en su artículo 35: *Todos los españoles tienen el **deber de trabajar y el derecho al trabajo**, a la **libre elección de profesión***. ¿Quién defiende a la clase trabajadora ante semejante ataque? En principio deberían ser los sindicatos, pero los sindicatos españoles están en *Modo Zen* y no aplican medidas de presión. La medida estrella de Rajoy para el Debate Sobre el Estado de la Nación fue la «Tarifa Plana» de 100 euros para la cotización de las empresas por cada nueva contratación indefinida que supusiera empleo neto. Esto es lo que anunció el Presidente. El BOE demostró nuevamente que mintió, ya que no había condicionante de generación de empleo neto, lo que es una nueva fórmula para que los empresarios despidan a trabajadores con derechos para contratar obreros sin derechos.

En un país con un gobierno autoritario y con su legitimidad de facto bajo sospecha, que ha impuesto una Reforma Laboral que retrotrae los derechos de los trabajadores a niveles de principios del siglo XX, que facilita el despido y que se ciñe a las pretensiones de la CEOE, los sindicatos principales **sólo han convocado dos huelgas generales**, la última el 14 de noviembre de 2012. Esa es la táctica equivocada. Ya pueden hablar Toxo y Méndez, ya pueden encabezar manifestaciones, que para Mariano Rajoy eso es un pedo al viento.

Los sindicatos son fundamentales para canalizar el descontento social y, como Mariano Rajoy no va a modificar su estrategia de implantar su ideología neoliberal y destruir el Estado del Bienestar, encabezar el estallido social. No es necesaria una huelga general indefinida, como piden algunos, ya que no tendría el suficiente seguimiento, pero sí es necesaria una escalada de huelgas sectoriales que acreciente la impresión de que España se encuentra en estado de emergencia. Todos los sectores están siendo maltratados por el gobierno del Partido Popular, por tanto, todos los sectores tienen reivindicaciones. Huelgas escalonadas, tanto en el ámbito público como en el privado. Ignorar los servicios mínimos si éstos son abusivos. La movilización de los trabajadores da sus frutos porque ataca donde más duele tanto al gobierno como a los empresarios. Un ejemplo lo tenemos en el tardofranquismo, cuando los sindicatos eran ilegales, pero tenían tanta fuerza de movilización que los empresarios negociaban los convenios colectivos con ellos antes que en el ámbito del Sindicato Vertical. Las huelgas políticas fueron fundamentales para lograr los derechos que ahora Mariano Rajoy y su gobierno nos quiere quitar. Por eso hay que retomar esa estrategia. Eso sí, los sindicatos también necesitan del apoyo de los partidos políticos.

Mientras Mariano Rajoy, Fátima Báñez y los sicarios mediáticos están atacando a la clase obrera, ésta duerme y no sale a la calle a reclamar justicia, a reclamar lo que es suyo y que este gobierno ultraconservador les quiere arrebatar. El Partido Popular le tiene mucho miedo a la calle, pero también tiene la seguridad de que no pasará nada ya que no hay nadie que canalice de veras el descontento popular. En este caso deberían ser los sindicatos. Sin embargo, en España tenemos unas organizaciones sindicales aburguesadas a las que se les debería caer la cara de vergüenza llamarse representantes de los trabajadores. Con la estrategia de destrucción de derechos de los trabajadores, con la Reforma Laboral y su recrudecimiento por el Real Decreto del 3 de agosto, unos sindicatos dignos de llamarse así hubieran quemado la calle, como hicieron en otros tiempos, como harían los sindicatos franceses o británicos. Me da mucha envidia cómo las organizaciones sindicales brasileñas sacaron a la calle a la ciudadanía por una pequeña subida del precio del billete de autobús y la presión hizo retroceder al gobierno de Rouseff. Aquí estamos con la estrategia de lucha obrera de *la puntita nada más*. Unas manifestaciones cada varios meses, cuatro gritos desde un estrado, un manifiesto y ya. Eso a Rajoy y su presunta ministra de Empleo se la trae al pairo. Sin embargo, con una lucha obrera real, con la calle ardiendo (pacíficamente si es posible y si hay violencia, ésta está legitimada) las cosas funcionarían de otro modo porque de este modo el miedo pasaría al gobierno. ¿Cómo es posible que no se hayan convocados más huelgas generales desde la del 14 de noviembre de 2012? Unos sindicatos serios y valientes ya hubieran convocado al menos 4, una por trimestre, y de más de un día. Pero no, estamos con la estrategia de *la puntita nada más*, de la negociación. Primero la movilización y luego, con la fuerza de la calle a hombros, a negociar. Como en la política, faltan líderes en los sindicatos.

La clase obrera precisa que los sindicatos vuelvan a ser lo que eran y que defiendan sus intereses de manera contundente. Sin eso, estamos vendidos, sin una estrategia dura la clase obrera seguirá teniendo dolores por las políticas del Partido Popular.

Todo se resume en una palabra: UNIDAD, la misma unidad que tiene la derecha, la misma unidad de acción, porque la gente que debería sentirse protegida por las políticas de izquierda somos muchos más que aquellos que se benefician de los privilegios de la derecha.

XIV

LA RESPUESTA CIUDADANA

Tal vez como consecuencia de la laxa respuesta de la izquierda, tal vez como consecuencia de la propia inacción de los ciudadanos ante los atentados del Partido Popular hacia sus derechos, tal vez como consecuencia de la falta de personas que lideren el descontento popular, estamos asistiendo a un espectáculo bochornoso por parte del pueblo español de oposición real a este gobierno ilegítimo. En cualquier otro país la calle estaría ardiendo, pero en España no ocurre esto. Todo lo contrario, hay una paz social que sorprende en muchas partes del mundo.

Ante la política de destrucción del Estado del Bienestar implementada por el gobierno de Mariano Rajoy con la aplicación de medidas ideológicas los españoles han decidido quedarse en casa y no salir a la calle a poner fin a los atropellos de un gobierno con la legitimidad democrática muy en entredicho. Lo que parecía que podía ocurrir no ocurre, es decir, el tan temido estallido social. En España se vive una paz con una leve tensión que no va más allá de pequeños altercados en las pocas manifestaciones que se están dando. ¿Por qué la sociedad no se levanta contra estos gobernantes que van en contra de los intereses y derechos de los ciudadanos? ¿Por qué la sociedad no ha reaccionado como cabría esperar tras los continuos atropellos a la libertad y los derechos de los ciudadanos? La respuesta se encuentra en tres puntos: la protección familiar, la falta de canalización, y la economía sumergida.

Razones para un levantamiento popular hay de sobra desde que gobierna Mariano Rajoy. El primero el modo en que "asaltaron" el poder al presentarse a las Elecciones Generales de 2011 con un programa electoral falso que sabían que no iban a cumplir, salvo los aspectos más fundamentalistas, como las reformas de la Ley del Aborto o la Ley de Educación. Después, vinieron los recortes para los ciudadanos mientras a los bancos se les daban miles de millones de euros para rescatarlos de la quiebra. El Partido Popular ha impuesto reformas que eliminan derechos fundamentales de los ciudadanos, atacando los derechos a la sanidad, a la educación, al trabajo y un largo etc. Por otro lado las formas de gobierno de Mariano Rajoy están más cercanas a las utilizadas por gobiernos pseudodemocráticos o por dictadores al aprobar Decretos Ley sin un mínimo consenso con el resto de partidos políticos o movimientos sociales, sobre todo en cuestiones tales como la Sanidad, la Educación o los derechos laborales de los españoles. El entreguismo a las *recomendaciones* de la Unión Europea, el FMI o las agencias de calificación es alarmante. Rajoy dice que no tiene más opción. Sí que la tiene, pero no le interesa porque esta UE es un aquelarre de ultraliberales, por lo que cada nueva *recomendación* es aceptada por el gobierno del Partido Popular con gran alborozo porque de este modo tienen la coartada para seguir aplicando un modelo de país *thatcheriano* con el que ellos se sienten seguros.

Entonces, si hay tantas razones para que los ciudadanos se levanten y planten cara al gobierno, si Mariano les está dando cada día argumentos para colocar una ristra de guillotinas en la Puerta del Sol (esto en sentido metafórico), ¿por qué la calle no está tomada en turnos de 7x24?

En primer lugar, Mariano Rajoy tiene la fortuna de que las redes de protección familiar funcionan, lo que hace que los ciudadanos que lo están perdiendo todo tengan, al menos, una tabla a la que agarrarse para subsistir. El Partido Popular está provocando que millones de familias subsistan gracias a las menguadas pagas de los pensionistas y a los pequeños ahorros que pudieran tener después de una vida entera de trabajo. En España una familia no deja tirado a ninguno de sus miembros. Es la mentalidad mediterránea. Por eso, muchos millones de ciudadanos subsisten y se mantienen en sus casas, porque aún tienen ese pequeño respiro, un plato caliente de comida y unos duros para comprar una bolsa de chuches a los niños.

En segundo lugar, el Partido Popular tiene la suerte de que los ciudadanos no tienen una organización que canalice el descontento. Los partidos políticos se inhiben salvo en contadas ocasiones, además de que actualmente no cuentan con un apoyo por parte de la ciudadanía y los sindicatos han perdido la fuerza de convocatoria que tenían hace años precisamente por la percepción de los ciudadanos de que no ponen toda la carne en el asador y han renunciado a la lucha de la clase obrera en aras de estrategias de actuación que favorecen a los empresarios. Está claro que en una democracia la negociación debe ser lo que impere, pero con un empresariado que ha sido el impulsor de una Reforma Laboral que legaliza el despido libre y la implantación del miedo a los trabajadores, hay que utilizar fórmulas que ya dieron resultado en el pasado, es decir, primero acción y después, con la presión popular como argumento, negociación. Son los movimientos sociales quienes están canalizando el descontento, pero no tienen una cohesión suficiente y van muy por libre, lo que hace que el estallido de la sociedad esté caracterizado por un efecto gaseosa.

En tercer lugar, nos encontramos con el fenómeno de la economía sumergida, el precio que paga Mariano Rajoy por mantener la paz social. En todo el mundo están sorprendidos de cómo el pueblo español no provoca una revolución como la que se produjo en Ucrania tras los destrozos que está haciendo Mariano Rajoy en su pueblo. Para mí esta situación de paz social es una irresponsabilidad por parte de los ciudadanos. La falta de movilización en un país donde más de 3 millones de personas, un 8% de la población, no percibe ningún tipo de ingreso y donde más de un cuarto de la población activa no tiene posibilidad de encontrar un empleo es sorprendente. Da la sensación de que el pueblo español es cobarde y sumiso a los abusos del poder, a los ataques constantes de un gobierno ilegítimo y miserable que se aprovechó de la desgracia de millones de españoles para asaltar el poder con un programa electoral falso y con falsa promesas, un gobierno que está sustentado por un partido político sospechoso de amparar a corruptos. ¿Cómo es posible que en este país las calles no estén ardiendo? La respuesta se halla en la economía sumergida, en esa pequeña economía que está salvando la situación desesperada de millones de españoles.

Los índices de economía sumergida en España alcanzan más de un 25% del Producto Interior Bruto. ¿Cómo es posible que ante esta cifra tan elevada el gobierno no haga nada para frenarla? Muy sencillo, con esa mano ancha el Partido Popular está comprando la paz social porque si se hiciera frente en serio al fraude fiscal, tanto al gran fraude como al pequeño, millones de familias se quedarían sin sus recursos económicos y los índices de pobreza extrema se dispararían. Esto haría que el pueblo que ahora recibe los golpes de este gobierno mezquino se echara a la calle a pedir lo que es suyo, lo que el PP les está robando. Respecto a los grandes defraudadores, ocurriría lo mismo, dado que evitar que las grandes empresas pagaran lo que tienen que pagar provocaría un mayor desempleo y más miseria de la que ya hay.

¿Quién no ha pagado un pequeño trabajo en el hogar sin factura? Como dicen los Evangelios, «quien esté libre de pecado, que tire la primera piedra». Evidentemente, el no pagar los impuestos indirectos que gravan esa pequeña chapuza abarata el coste, pero es una irresponsabilidad y un fraude. Sin embargo, es un fraude comprensible. Con la bajada de salarios que ha promovido este gobierno basándose en una falsa competitividad de las empresas españolas es lógico que busquemos abaratar nuestros costes diarios. En una economía familiar en la que la avería de la lavadora supone un drama porque descabalga un presupuesto que tiene analizados hasta los últimos céntimos es normal que se busque el modo en que esa tragedia económica impacte menos en la economía de supervivencia a la que nos está abocando la política económica que ha impuesto el Partido Popular.

Lo que ya no es tan lógico es la actitud de las grandes empresas y las grandes fortunas. Hay una máxima que dice que los ricos lo son porque no pagan casi impuestos. Ellos se pueden permitir pagar a los grandes bufetes de abogados fiscalistas que bordeen constantemente las delgadas lindes entre el fraude y la ingeniería financiera. En las grandes empresas ocurre lo mismo. En un mundo en crisis económica donde la facturación bruta ha caído, los consejos de administración de estas grandes corporaciones buscan el modo en que sus beneficios netos no caigan. Lo hacen a través de la opresión a los trabajadores con despidos y bajadas salariales salvajes, y por medio del fraude fiscal.

¿Cómo es posible que el gobierno no ataque un problema que supone un impacto de 28 puntos de PIB? Cualquier gobierno serio buscaría el modo de combatirlo. Sin embargo, el Ejecutivo de Mariano Rajoy no hace nada. Es el precio que tiene que pagar para que las calles españolas no se conviertan en algo similar a las calles de Kiev.

España es un país donde somos unos irresponsables en lo referente a la recaudación del Estado. La picaresca española se ve acentuada en lo referido al pago de los impuestos. Esa irresponsabilidad hace que el gobierno de turno tenga que subir impuestos para no bajar la recaudación. Con esto no estoy justificando las políticas del Partido Popular, para nada. Sobre todo teniendo en cuenta que todas las medidas tomadas por Mariano Rajoy y por sus adláteres económicos son injustas y atacan a los mismos, a los trabajadores, a los parados y a las víctimas de sus políticas. Sin embargo, el hecho de que un 28% de la economía española se escape a la Agencia Tributaria es una irresponsabilidad. Estamos hablando de 287.000 millones de euros, cantidad que hubiera hecho que el Estado del Bienestar no se hubiera resentido después de los ataques frontales por parte del Partido Popular.

Es imposible que toda la economía sumergida salga a la luz. Lo hemos visto con la amnistía fiscal de Montoro que apenas sacó a la luz un 10% de lo no declarado. Mariano Rajoy no mueve un dedo. Sus ministros tampoco. Sin embargo, desde el aparato de propaganda del gobierno y de los medios de comunicación sicarios que lo sustentan, se lanza el ataque hacia el pequeño autónomo y hacia el pequeño fraude. Voy a dar unas cifras que harán pensar a quienes piensan que la economía sumergida la provocan esos pequeños autónomos. Más del 70% del fraude fraude fiscal viene de las grandes empresas o de las grandes fortunas. Lo dicho, los ricos lo son por algo. Las PYMES suponen un 17,05% y los autónomos apenas un 8,5%. Los fraudes no empresariales apenan suponen un 3%. Entonces, ¿quiénes son los responsables de la elevada economía sumergida? Las grandes empresas y las grandes fortunas, es decir, los grandes protegidos por Mariano Rajoy y su partido.

El precio que Mariano Rajoy está pagando por mantener la paz social es más alto que esos 33.000 millones de euros que supone el fraude de pequeños autónomos y de los no empresariales. El precio que Mariano Rajoy está pagando por mantener la paz social está abogando por la impunidad hacia quienes deberían ser el sostén económico de un país en crisis, con un 26% de parados y un 8% de la población en situación de pobreza extrema, sobre todo porque esas grandes fortunas y esas grandes empresas son corresponsables en la generación de esta crisis al pasar del capitalismo de producción al capitalismo de especulación salvaje. ¿A quién debería Mariano Rajoy apretar para que paguen impuestos? Evidentemente a quienes defraudan más 200.000 millones de euros al año. No obstante, Mariano Rajoy no moverá un dedo para que esto ocurra, sino que apretará a los pequeños autónomos o a quienes sin tener trabajo realizan pequeños trabajos a domicilio. Es el estilo del Partido Popular, un estilo que va en contra de los ciudadanos, el mismo estilo de cualquier régimen autoritario.

Han pasado más de dos años de la llegada del Partido Popular al Gobierno de este país. Para los habitantes de Génova 13 es el «Segundo Año Triunfal», tal y como se denominaban en el franquismo los años tras el Golpe de Estado de los generales en julio de 1936. Al igual que ocurriera en aquellos años los efectos sobre los ciudadanos están siendo brutales: más paro, más pobreza, más hambre y menos derechos. Al igual que los nacionales, el Partido Popular de Mariano Rajoy se está encargando de la tarea de eliminar todas las conquistas y derechos de los ciudadanos. Por favor, que nadie piense que estoy comparando al Partido Popular con los franquistas, no soy tan simple como María Dolores de Cospedal al llamar nazis a aquellos que legítimamente expresaban su indignación por los atropellos de quienes están protegidos por el PP. Sin embargo, los comportamientos políticos de unos y otros son similares desde algunos puntos de vista. La diferencia principal estriba en el comportamiento del pueblo soberano, de los ciudadanos ante los atropellos, ante los atentados hacia sus libertades y derechos civiles. En aquellos años el pueblo reaccionó. Actualmente, el pueblo se queda en casa y sólo somos unos cuantos los que salimos a la calle a protestar, a pedir que no nos roben lo que tanto trabajo nos costó conseguir, la lucha que a tanta gente llevó a la cárcel o a ser asesinado en una cuneta o junto a la tapia de un cementerio.

Los «éxitos» de este gobierno están basados precisamente en la destrucción de todas las victorias logradas por el pueblo, por los ciudadanos, todo ello, eso sí, en base a la recuperación de la economía. La coartada de la crisis es una falacia, como casi todo lo que sale de Génova 13. Es muy fácil realizar una labor destructiva como la que está perpetrando el Partido Popular con el argumento de que todo lo que se está haciendo es por nuestro bien y que la culpa de que ellos se vean obligados es por la crisis económica. Sin embargo, la crisis es la excusa fácil y la coartada sobre la que apoyan un conjunto de reformas neoliberales que son el sueño húmedo de cualquier *thatcheriano*. Todo ello nos da a entender que el Partido Popular está gobernando en contra de su *jefe*: el pueblo español

Ante este ataque frontal, propio de un régimen dictatorial, ¿qué hace el pueblo español? NADA. El pueblo español acepta todo lo que le echen por miedo, por comodidad, por resignación o por «borreguismo». Los españoles somos un pueblo resignado. Es algo histórico. España ha tenido malos gobernantes durante toda su historia. Reyes y dictadores han masacrado a sus gobernados porque éstos se han mantenido de brazos cruzados ante sus abusos. Lo vemos en la literatura con los personajes del Siglo de Oro o en aquellos hombres que tan bien retrataron Galdós o Pío Baroja. Lo vimos en la dictadura franquista cuando sólo un porcentaje pequeño estaba dispuesto a luchar por recuperar las libertades que las armas nos arrebataron. Hoy lo estamos viendo con este gobierno «pseudo dictatorial» de Mariano Rajoy. Desde el gobierno nos están machacando mientras los ciudadanos nos convertimos en espectadores de lujo de esos abusos. Nadie responde, nadie dice nada, nadie grita, nadie sale a la calle a protestar, nadie pide responsabilidades. El gobierno ilegítimo de Mariano Rajoy, además, incita a ese silencio cómplice alabando a los que se quedan en casa, agradeciendo a esa «mayoría silenciosa» que no sale a protestar, aunque en su interior, en las redes sociales o en la barra de un bar no pare de lanzar soflamas contra Rajoy y sus cómplices.

El gobierno de Mariano Rajoy es el responsable principal de la situación de emergencia que sufre la ciudadanía, sin embargo, los ciudadanos también somos muy responsables de permitir que la destrucción de las conquistas logradas tras el franquismo se perpetre. El silencio del pueblo y su inacción lleva a legitimar lo que es ilegítimo, lleva a legalizar lo que es ilegal. El pueblo es la fuerza más potente que hay. No hay ejército ni fuerza represiva que pueda con él. No obstante, si el pueblo se calla y se resigna los malos gobernantes que le atacan existe una importante responsabilidad por parte de aquél por ausencia y falta de lucha por defender lo que legítimamente se ganó con la lucha y la movilización.

Ese acomodamiento viene como consecuencia de una de las muchas trampas que coloca la derecha a la clase trabajadora: la creación de la ficción de la clase media a través de la falsa prosperidad generada en los tiempos de la burbuja inmobiliaria. La destrucción por parte de la derecha de la conciencia de clase es una de las armas que el neoliberalismo utiliza para evitar la reacción de los trabajadores ante sus atropellos. Históricamente la clase media estaba compuesta por pequeños empresarios que conformaban lo que en el siglo XIX se denominaba la «pequeña burguesía». Actualmente la derecha, a través de esa falsa prosperidad proveniente de la época de la burbuja inmobiliaria, ha conseguido eliminar la conciencia de clase trabajadora y crear el aburguesamiento, aunque las circunstancias sean lo suficientemente graves como para organizar una revolución obrera como contrapunto al ataque de la derecha y de los mercados.

Esa falta de espíritu movilizador y esa ausencia de espíritu de lucha por lo que Mariano Rajoy y su gobierno nos está arrebatando es también una de las causas de que el ritmo destructor del partido ultraconservador español siga su curso o se incremente a medida que van pasando los meses de gobierno. Rajoy es el principal responsable de la situación, pero los ciudadanos también tienen una responsabilidad por ausencia: si la clase trabajadora se movilizara en serio, utilizando los medios que fueran necesarios, Rajoy se lo pensaría dos veces antes de seguir destruyendo derechos. El pueblo no es el principal culpable, pero sí es responsable por inacción.

Entonces, ¿qué debería hacer el pueblo, cuál es el deber del pueblo ante la situación que ha generado el Partido Popular? La clave nos la da uno de los documentos más importantes de la Historia de la Humanidad, la Declaración de Independencia de los Estados Unidos. En ella podemos leer lo siguiente: *«Cuando una larga serie de abusos y usurpaciones, dirigida invariablemente al mismo objetivo, evidencia en designio de someter al pueblo a un despotismo absoluto, es su derecho, es su deber, derrocar ese gobierno y proveer de nuevas salvaguardas para su futura seguridad».*

Hace más de 200 años que un grupo de hombres libres hizo esta declaración en un documento que hoy es referente de, incluso, la Declaración de Derechos Humanos sobre la que se sustancia la ONU. Vuelvo a repetir, hace más de dos siglos que estas palabras fueron plasmadas por Thomas Jefferson en un documento que fue firmado en la ciudad de Philadelphia por hombres como George Washington, John Adams, Thomas Jefferson, Benjamin Franklin o John Adams, en el actual Independence Hall, y que fue el embrión del nacimiento de los Estados Unidos. Comprobamos que textos del pasado se hacen actuales en la situación actual de España, la situación a la que nos está llevando el Partido Popular y, en concreto, Mariano Rajoy con sus políticas neoliberales y sus medidas ultraconservadoras. Lo mismo ocurre con canciones del pasado, canciones de los cantautores de los años 60 y 70, que se pueden escuchar en el entorno sociopolítico actual y no desentonan.

Los abusos hacia los españoles de Mariano Rajoy hacen imprescindibles medidas por parte de la ciudadanía, casi obligan a los ciudadanos a retomar su soberanía, ese concepto que tan pomposamente está recogido en la Constitución Española de 1978 en su artículo 1.2 al afirmar «*La soberanía nacional reside en el pueblo español, del que emanan los poderes del Estado*» y que el Partido Popular nos está hurtando de una manera casi obscena, del mismo modo en que lo haría un dictador en un país donde la soberanía nacional reside en la persona del mismo y no en el pueblo.

La movilización ciudadana se hace imprescindible no tanto como un modo de protesta o como un modo de canalizar el descontento sino como una manera de terminar con este sufrimiento, con esta situación insostenible, con este gobierno que está ejecutando la protección que el Estado debe dar a sus ciudadanos.

El Partido Popular está actuando como el alumno que quiere superar al profesor al precio que sea al querer imponer las mismas medidas que en los años 80 implementó Margaret Thatcher con la misma excusa: la crisis económica. Rajoy y su partido están haciendo lo mismo en su esencia pero maximizando sus conecuencias. Están entregando nuestros derechos, esos derechos que están recogidos en la Constitución Española, a los intereses privados como un nuevo nicho de negocio que explotar. El hecho entregar esos derechos (sanidad, educación, trabajo, vivienda, justicia) a intereses privados es ya un ataque directo a la democracia, además de un atentado contra los principios sobre los que se asienta el sistema político en el que el pueblo es el soberano.

El partido ultraconservador español está llevando a los ciudadanos a situaciones propias de la posguerra. En la España actual más del 10% de su población está por debajo de los niveles de pobreza extrema. En la España actual casi 3 millones de personas no tienen ningún tipo de ingreso. En la España actual se está pasando hambre, millones de niños solo pueden comer en sus colegios porque en su casa apenas pueden alimentarse. En la España actual las autoridades expulsan de su hogar a las víctimas de la usura de la banca. En la España actual los ciudadanos tienen que buscar en los contenedores de basura el mínimo sustento para no morir de hambre. En la España actual la salud de los ciudadanos se entrega a los intereses de compañías privadas que van a convertir a los pacientes en clientes. En la España actual la educación de nuestros jóvenes se entrega a las necesidades de la Iglesia Católica o de la educación privada. En la España actual el hijo de un obrero tiene imposible acceder a la educación universitaria porque las tasas están equiparando la educación pública a la privada. En la España actual se está atacando a la libertad de expresión, reunión, manifestación de los ciudadanos con una legislación propia del franquismo o del estalinismo. En la España actual se está atacando constantemente a los derechos de las mujeres con esa reforma asquerosa de la ley del aborto que un ministroególatra y narcisista quiere imponer bajo los auspicios de los sectores más ultras de la sociedad y que, además, son una minoría. En la España actual se están permitiendo los abusos empresariales hacia los trabajadores y el chantaje más burdo hacia éstos por el mero hecho de que el trabajo, que es un derecho, se haya convertido en un privilegio. En la España actual se permite que el Presidente del Gobierno mienta en el Congreso y continúe en sus funciones. En la España actual se permite que el Presidente del Gobierno siga en su cargo a pesar de ser también el presidente de un partido político sospechoso de ser un nido de corrupción. Todo ello gracias a las medidas del gobierno de Mariano Rajoy.

Mariano Rajoy, su partido y la prensa sicaria del Movimiento Genovés, justifican sus medidas en la mayoría absoluta que le dio el resultado de las Elecciones Generales de 2011 y en la soberanía popular. Esta afirmación es un insulto. El pueblo habló y ahora debe callar. Así es como ve el PP el sistema democrático. Piensan que se les ha dado un cheque en blanco para poner en marcha todas las tropelías que han puesto en marcha, independientemente del daño que pueda hacer. El pueblo habló y ahora debe callar. Eso no es así porque la democracia está basada en la participación del pueblo en la vida política, por mucho que las elecciones den un resultado o el contrario.

El principal problema es que el Partido Popular no cree en la democracia, no cree en la soberanía popular y por eso no acepta que los ciudadanos tengan voz propia. Sólo acepta la sumisión. El gobierno impone y el pueblo calla porque ya tuvo su oportunidad en las Elecciones Generales. No obstante, tienen miedo, tienen mucho miedo a que el pueblo despierte. Por eso han aprobado las leyes que han aprobado para evitarlo.

La nulidad de respuesta del pueblo español ante todos estos atropellos, ante todos los recortes y sus consecuencias es un modo de complicidad con el poder. El pueblo, tal y como dice la Declaración de Independencia de Estados Unidos, no solo tiene el derecho sino que está obligado a endurecer la protesta, que no la queja, para provocar que esos gobernantes dejen de gobernarnos. No hablo de revolución, porque ya no es tiempo de revoluciones, sino que afirmo que los ciudadanos tenemos el poder efectivo, que no el poder legal. No podemos permitir tener a un Presidente de Gobierno que ha legalizado la mentira como modo de gobierno. No podemos permitir que nadie, por mucho que tenga la legitimidad de los votos, nos robe los derechos por los que tanta gente se dejó la vida. Pero para eso es necesaria la protesta, intensificar la protesta, llenar las calles día a día, porque la calle es nuestra, por mucho que dijera Fraga lo contrario, y desde la calle se ganan más derechos que desde el sillón de casa o desde la queja tomando un café. Envidio de verdad a países como Brasil, Ucrania, Thailandia o Bulgaria países en que el pueblo se ha echado a la calle y ha conseguido cambiar las tendencias y los abusos del poder hacia sus ciudadanos.

Compañeros y amigos extranjeros me preguntan que cómo es posible que con lo que está haciendo Mariano Rajoy con su pueblo España no está ardiendo, que no haya barricadas en las calles, que no aparezcan cincuenta cajeros ardiendo cada día. La respuesta es fácil: el pueblo español ha entregado la cuchara antes de comenzar la batalla. ¿Somos un pueblo de cobardes? Creo que no, pero sí que somos un pueblo resignado, un pueblo que se queja pero que no protesta. No obstante, ante los abusos del PP tenemos el deber de levantarnos, tenemos la obligación de luchar por lo que ellos nos quieren quitar. En países no muy lejanos, como Francia, por menos de la mitad de los abusos de Rajoy hacia el pueblo el país se hubiera levantado. Aquí no, y, por tanto, el pueblo es responsable.

Voy a finalizar este capírulo con una parte del guión de la película *V de Vendetta* donde se sustancia parte de lo explicado anteriormente:

"¡Buenas tardes, Londres! Permitid que, primero, me disculpe por esta interrupción. Yo, como muchos de vosotros, aprecio la comodidad de la rutina diaria, la seguridad de lo familiar, la tranquilidad de la monotonía. A mí, me gusta tanto como a vosotros. Pero con el espíritu de conmemorar los importantes acontecimientos del pasado, normalmente asociados con la muerte de alguien o el fin de alguna terrible y sangrienta batalla y que se celebran con una fiesta nacional, he pensado que podríamos celebrar este 5 de noviembre, un día que, lamentablemente, ya nadie recuerda, tomándonos 5 minutos de nuestra ajetreada vida para sentarnos y charlar un poco. Hay, claro está, personas que no quieren que hablemos. Sospecho que, en este momento, estarán dando órdenes por teléfono, y que hombres armados ya vienen de camino. ¿Por qué? Porque mientras pueda utilizarse la fuerza, ¿para qué el diálogo? Sin embargo, las palabras siempre conservarán su poder, las palabras hacen posible que algo tome significado y, si se escuchan, enuncian la verdad. Y la verdad es, que en este país, algo va muy mal, ¿no? Crueldad e injusticia, intolerancia y opresión. Antes tenías libertad para objetar, para pensar y decir lo que

pensabais. Ahora, tenéis censores y sistemas de vigilancia que os coartan para que os conforméis y os convirtáis en sumisos. ¿Cómo ha podido ocurrir? ¿Quién es el culpable? Bueno, ciertamente, unos son más responsables que otros. Y tendrán que rendir cuentas. Pero, la verdad sea dicha, si estáis buscando un culpable, sólo tenéis que miraros al espejo. Sé por qué lo hicisteis, sé que teníais miedo ¿Y quién no? Guerras, terror, enfermedades. Había una plaga de problemas que conspiraron para corromper vuestros sentidos y sorberos el sentido común. El temor pudo con vosotros y, presas del pánico, acudisteis al actual líder, Adam Sutler[3]. Os prometió orden, os prometió paz. Y todo cuanto os pidió a cambio fue vuestra silenciosa y obediente sumisión. Anoche intenté poner fin a ese silencio. Anoche destruí el Old Bailey para recordar a este país lo que ha olvidado. Hace más de cuatrocientos años un gran ciudadano deseó que el cinco de noviembre quedara grabado en nuestra memoria. Su esperanza era hacer recordar al mundo que justicia, igualdad y libertad son algo más que palabras; son metas alcanzables. Así que si no abrís los ojos, si seguís ajenos a los crímenes de este gobierno, entonces os sugiero que permitáis que el cinco de noviembre pase sin pena ni gloria. Pero si

---

[3] Adam Sutler es el líder de ficción del cómic *V de Vendetta* sobre el que está basada la película, un líder conservador que ha impuesto un gobierno totalitario gracias al miedo.

veis lo que yo veo, si sentís lo que yo siento y si perseguís lo que yo persigo, entonces, os pido que os unáis a mí, dentro de un año, ante las puertas del parlamento Y juntos, les haremos vivir un cinco de noviembre que jamás, jamás nadie olvidará.

Lo que estamos logrando con el entreguismo popular es perder la soberanía popular. El camino que nos mostraron escritores como Orwell, Zamiatin, Huxley o Bradbury puede llegar a España si no le ponemos remedio. Nosotros tenemos la fuerza, utilicémosla porque es nuestro deber como ciudadanos.

Índice